LA DISTINCTION. — a.

LA DISTINCTION

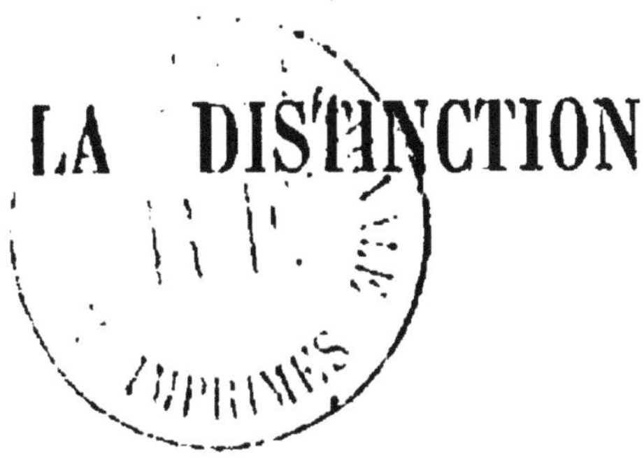

Louis ROUZIC

AUMÔNIER " RUE DES POSTES

LA DISTINCTION

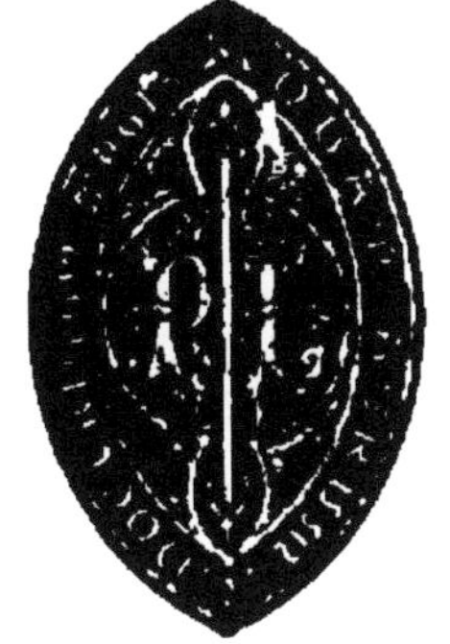

PARIS

P. LETHIELLEUX, ÉDITEUR

10, RUE CASSETTE, 10

AVANT-PROPOS

Mon cher ami,

Il y a un siècle, Chateaubriand se plaisait à faire l'éloge de la sociabilité française, « ce commerce charmant, facile et rapide des intelligences, cette absence de toute morgue et de tout préjugé ».

La France connut, de tout temps, le charme incomparable qui se dégage des belles intelligences et des bons cœurs, la richesse du fond des âmes qui, se transmettant au dehors, constitue l'aristocratie des manières. La fleur d'élection qui fleurit un jour sur cette tige, porte un nom de gloire et de grâce, qui rappelle toutes les vertus de notre race et de notre histoire : la Chevalerie.

Mais voici que des plaintes se font entendre : des atteintes sont portées parmi nous à quelques-uns des éléments les plus nécessaires de cette sociabilité ; les bonnes manières ne reçoivent plus le culte qui leur était jadis rendu. Autre tristesse : les coups sont portés par les jeunes. Les jeunes qui ne peuvent bien se former que sous certaines conditions d'urbanité et de grâce ! Les jeunes qui conditionnent l'avenir !

M. E.-M. de Vogüé parlait naguère d'une jeunesse « fière de tout comprendre, mais incapable de rien respecter ». Le duc de Broglie, recevant, sous la Coupole, Albert Sorel, et venant à parler du savoir-vivre, ajoutait : « expression qui paraît aujourd'hui surannée, peut-être parce que l'occasion d'en faire l'application devient de plus en plus rare. »

Plus récemment, un autre académicien accentuait la triste note. Il écrivait : « Ce qui caractérise la *nouvelle couvée*, c'est 1° l'absence du respect, 2° l'affaiblissement général de ce qu'on nommait jadis les convenances... »

Plus de respect, plus de tenue, plus de distinction ; souvent même, plus de ces règles qu'impose la plus élémentaire politesse ; cela, parfois, chez des jeunes gens du meilleur monde, qui se piquent de demeurer fidèles à leur bonne éducation.

Ils sont nombreux ceux qui expriment de pareilles constatations. Quelques-uns d'entre eux pourraient peut-être s'accuser d'être pour quelque chose dans la fâ-

cheuse disparition qu'ils consta-
tent.

Vous avez entendu la plainte.
Toute jeune qu'elle est, votre expérience vous a permis de constater
la réalité des choses. D'un autre
côté, les qualités, trahies par vos
contemporains, vous ont paru très
dignes d'être cultivées. Alors vous
êtes venu me trouver et vous m'a-
vez demandé si les moralistes catholiques, philosophes ou théolo-
giens, n'avaient pas formulé leur
avis sur ce point, et n'avaient pas
indiqué le remède à côté du mal.

J'aurais pu me contenter de vous
répondre que si vous n'aviez pas
déjà les bonnes manières, vous ne
les désireriez pas. C'eût été vrai.
Mais parce que vous aimez mieux
les raisons que les compliments,
vous n'auriez pas agréé cette fin de
non-recevoir. Moi-même, j'aime

mieux reprendre sur un terrain nouveau, moins élevé que le premier, très important encore, nos entretiens un moment interrompus. Votre amitié d'une part, et, de l'autre, votre désir de vous perfectionner, vous ramènent souvent vers moi. Vous savez que je ne m'en plains pas.

Ecrire me console de vieillir. La vieillesse m'éloigne de la vie. — Je n'oublie pas qu'elle me rapproche d'une vie meilleure. — Vieillir, c'est assister à bien des morts; écrire, c'est assister à des naissances. Les temps où vous veniez, chaque semaine, frapper à la porte de ma cellule, ne sont plus; mais les paroles que je vous ai dites, quoique glacées maintenant dans les livres, me suscitent d'autres disciples, qui entretiennent dans ma mémoire et dans mon cœur l'image lumineuse du disciple qui se présente le premier et qui reste le plus aimé.

Voici que bientôt je vais pouvoir livrer à vos jeunes frères toute une série de petits volumes où vous retrouverez le sujet de nos conversations à l'époque active, généreuse un peu troublée parfois, où vous faisiez votre élection : *Mon programme de vie, la Vocation, l'Armée, le Sacerdoce, l'État religieux, Avant le Mariage, les Fiançailles, le Mariage.*

A bientôt donc, mon cher Ami ; « je vous quitte sans vous quitter », comme disait Lacordaire.

LA DISTINCTION

CHAPITRE PREMIER

Les Bonnes Manières

I

IMPORTANCE DES BONNES MANIÈRES

Parmi toutes les questions que vous m'avez proposées, la question actuelle est celle qui intéresse le plus l'extérieur de l'homme. Ce n'est pas une raison pour l'écarter.

Rien n'est à négliger en nous. Composés d'une âme et d'un corps nous formons un tout, et ce tout est modifié par l'action de chaque élément.

L'âme est la place principale, la place forte intime; mais le corps a sa place nécessaire dans notre être; c'est par lui qu'on accède au donjon intérieur; le dehors a des attaches intimes avec le dedans.

Les bonnes manières sont une expression qui paraît au dehors, un reflet projeté sur le corps; mais cette expression jaillit du dedans, ce reflet vient de l'âme; il est comme l'expression naturelle d'une noblesse intime. « Tout esprit se fait sa demeure, a écrit Emerson, et, d'après la demeure, nous pouvons bien nous douter du caractère de l'habitant. » Déjà, dans son traité des *Devoirs*, Cicéron avait constaté le rapport étroit qui existe entre les qualités de l'âme et le *decorum*. « Ce que nous avons appelé le *decorum*, dit-il, est lié à tout ce qui est honnête par des rapports tels qu'on l'y découvre tout d'abord sans avoir besoin d'aucune étude. En effet, chacun le sent, il y a dans toute vertu un je ne sais quoi qui sied et qu'on ne peut séparer de la vertu autrement que par la pensée. Comme la grâce et la beauté du corps ne peuvent se séparer de la santé, ainsi ce *decorum* dont nous parlons s'identifie avec la vertu ; mais il peut en être distingué par une opération de l'intelligence. »

Les formes, les mouvements, les gestes, expriment, à leur manière, notre vie, et sont parfois un langage aussi expressif que les mots articulés. « La couleur de la fleur vient de ses racines, a-t-on dit, et le brillant de la coquille de mer commence avec sa vie même. » Nos manières disent, d'une part, ce que nous sommes dans le présent et, d'autre part, elles sont susceptibles de produire en nous des états nouveaux.

II

RAPPORTS AVEC LA MORALE

Les manières sont tout à fait du domaine de la morale. Si elles ne sont pas la moralité elle-même, elles en constituent du moins l'écorce et, par là, servent à la conserver. C'était l'avis de Joubert que « le bon goût est nécessaire à la moitié de la morale, car il règle les bienséances ».

Le soin mis à rectifier les manières détermine l'effort, et le résultat de l'effort est de fortifier notre volonté et, en même temps, de développer toutes les qualités auxquelles nous l'appliquons. Par cette attache toutes les vertus semblent dépendantes des manières. Les manières, telles qu'elles apparaîtront au cours de ces pages sont, en même temps, effets et causes ; elles sont essentiellement formatrices et éducatrices. Elles indiquent ce qui se passe en nous, mais, par une action en retour, elles contribuent à changer notre ancienne vie, à faire naître, puis à cristalliser en nous de nouvelles pensées, de nouveaux sentiments, de nouveaux vouloirs. Par le maintien extérieur, nous arrivons à acquérir une grande puissance sur nous-mêmes ; il nous est loisible de développer en nous l'humilité, la charité, la chasteté, la prudence...

La réserve dans la tenue entretiendra la délicatesse des sentiments et agira sur les tendances du cœur ;

la pratique de la politesse initiera
à la pratique de l'humilité et de la
bonté ; la dignité du maintien sou-
tiendra la dignité de la pensée et
des affections ; la propreté corporelle servira à fortifier la netteté de
l'âme ; la bonne disposition des
objets extérieurs contribuera à éta-
blir l'ordre au dedans ; l'énergie
dans l'attitude, dans le son de la
voix, dans le regard, dans la démarche, influera sur la force de la
volonté.

La psychologie enseigne qu'il y
a entre l'idée et l'acte des réactions
réciproques. L'idée produit l'acte,
l'acte produit l'idée : une attitude
suffit à provoquer une émotion.
Les expériences d'hypnotisme ont
apporté, de façon très inattendue,
une preuve concluante à cette thèse.

La contre-partie est également
vraie : si l'on pouvait remonter

aux sources de la dégradation morale, il n'y a pas de doute que l'on
se trouverait, dans la plupart des
cas, en face de la dégradation phy-
sique.

III

AVANTAGES DES BONNES MANIÈRES

Il est difficile d'imaginer tous les avantages que procurent les bonnes manières. On a dit que le comte William de Nassau gagnait un sujet au roi d'Espagne chaque fois qu'il enlevait son chapeau. Tout témoignage d'urbanité, toute marque de noblesse sème sa moisson de sympathie, qui lèvera au moment voulu et fournira une réserve précieuse de secours au jeune voyageur. Je ne mentionne que pour mémoire cette considération apportée par Emerson. Elle est de nuance bien américaine.

« Apprenez à un jeune garçon la tenue et les arts d'agrément et, partout où il ira, vous lui donnez la supériorité sur les palais et les fortunes... Ce sont les manières qui font la fortune du jeune ambitieux ; ce sont elles qui le marient, et, en grande partie, il épouse des manières. »

Les bonnes manières ont un pouvoir dont la portée dépasse de beaucoup ce qu'on pourrait en attendre à première vue. Somme toute, elles concourent grandement à donner à l'homme la maîtrise de soi et exercent sur autrui un prestige qui peut servir à l'extension du bien.

Pour vous, vous verrez par-dessus tout, dans la culture des bonnes manières, un excellent moyen d'appliquer le grand commandement du Christ : « Aimez-vous les uns les autres. » Vous y trouverez aussi une occasion d'imiter le divin Maître.

Lorsqu'il est question d'un Dieu, on trouve étrange de parler des bonnes manières, tellement la divinité est transcendante à tous nos actes et à tous nos discours. Mais en Jésus la divinité s'enveloppe dans l'humanité et se traduit par elle. Son attitude extérieure révélait quelque chose de la divinité qui se cachait au dedans, et Lacordaire n'a pas craint de l'appeler le premier gentilhomme du monde. Tous ceux qui vivent et agissent sous l'esprit de Jésus doivent chercher à être, dans ce sens, des gentilshommes.

IV

ACQUÉRIR LES BONNES MANIÈRES

Aussi le moine, à âme profonde, qui écrivit l'*Imitation*, fait-il cette recommandation : « Il faut examiner et régler également notre intérieur et notre extérieur, parce que l'un et l'autre sert à nos progrès. » De même, le P. Olivaint, dans ses notes de retraite, prenait cette résolution : « Corriger mon extérieur, la vivacité de mes yeux, le ton de ma voix. » Jadis en feuilletant les livres de l'Ancien Testament, appelés *Sapientiaux*, nous avons trouvé tous les traits capables de former l'homme irrépréhensible aussi bien au dehors qu'au dedans. Enfin, je n'oublie pas combien vous aimez le conseil que saint Paul adressait aux chrétiens de Philippes : « Au reste, mes frères, ayez souci de tout ce qui est vrai, chaste, juste, saint, aimable, de tout ce qui concerne l'honneur, la vertu, la discipline. »

V

L'INTÉRIEUR ET L'EXTÉRIEUR

Chez beaucoup la tenue extérieure n'est qu'une façade absolument démentie par les sentiments intérieurs. C'est le mensonge en action. Les âmes droites ne le supportent pas plus que le mensonge en parole : elles cherchent l'accord aussi parfait que possible entre les actes et les pensées. Les âmes basses seules se prêtent à la comédie des sentiments; toute leur estime pour la vertu consiste à l'afficher sans la pratiquer; elles descendent dans la corruption, tout en essayant de garder les apparences de l'honneur. Mais, pour elles, la médiocrité de la récompense est digne de la médiocrité de la vertu. Leur vernis fragile n'en impose guère; l'imposture est percée à jour, et la malignité des critiques grossit et généralise l'étendue du mal. M. Barrès n'écrivait-il pas récemment que, « aux yeux des Allemands, la politesse des salons français n'est que le manteau de la débauche »? Ainsi, la grande trahison de tous ceux qui oublient leurs devoirs personnels est de jeter le discrédit sur l'association, sur l'école ou sur le pays auxquels ils appartiennent.

Vous êtes trop loyal pour vous prêter à ces contradictions. A vos yeux, les beaux dehors ne valent que s'ils expriment les belles réalités. Vous donnez aux mots toute l'ampleur de leur signification;

vous donnez aux choses toute l'étendue de leur sens intime. Vous ne cessez de rechercher tout ce qui peut développer en vous l'homme et le chrétien. Enfin, vous êtes toujours préoccupé d'être bon pour vos frères et d'accomplir, pour la gloire de Dieu, tout ce que vous faites pour les hommes. Or, les bonnes manières sont comme la fleur de l'humanité. Qui ne les observe pas n'est pas assez humain. Il manque à lui-même et aux autres.

VI

L'ESPRIT DE FOI

Il y a plus. La foi trouve à s'exercer ici comme en tout, et sa douce influence n'est pas ce qui communique le moindre charme à nos relations avec le prochain. Mgr Camus, évêque de Belley, raconte ceci de saint François de Sales : « Il ne manquait à rien dans les démonstrations de civilité. Un jour, je me plaignis à lui du trop grand honneur qu'il me déférait : « Et pour combien, dit-il, comptez-vous Jésus-Christ que j'honore en votre personne ? »

Voilà les hauteurs sur lesquelles

le chrétien doit se placer dans les événements les plus ordinaires de la vie ; voilà l'âme que lui, ennemi des pures formalités, doit mettre dans ses moindres actes d'urbanité. On rappelle souvent l'échange de paroles qui eut lieu entre saint Louis et le sultan d'Égypte : « Fais-moi chevalier », demandait celui-ci. — « Fais-toi chrétien », répondait le roi. Peut-être ne voit-on pas toute la force de la réponse. Ce n'était pas assez d'être nominativement de l'Église pour faire partie de la Chevalerie : le véritable chevalier devait avoir toutes les vertus qui distingue le véritable chrétien.

VII

PROFANUM VULGUS

Ceux qui dédaignent les bonnes manières composent le troupeau vulgaire qui provoque l'éloignement, non pas seulement chez les poètes : *Odi profanum vulgus et arceo*, mais chez toutes les âmes délicates. Leur absence chez des esprits distingués, chez des hommes de volonté énergique, chez des âmes de zèle, est souvent un obstacle à une action plus large. Les ressources de l'intelligence, le désir réel du bien sont diminués ou même paralysés par des négligences, des manies, des tics... Ces choses, très petites par certain côté, ont des conséquences fâcheuses très graves.

Cependant, il est facile, si l'on n'y prend pas garde, de contracter des habitudes très choquantes en elles-mêmes, et très lourdes à supporter pour ceux qui vivent avec nous ou pour ceux qui, éventuellement, nous font des politesses. On raconte que Pasteur ne se servait pas d'une assiette, ne prenait pas un verre, sans les avoir examinés avec un soin méticuleux et essuyés à plusieurs reprises. Trace imperceptible, grain de poussière microscopique, rien n'échappait à ses yeux de myope. Qu'il fût en famille ou chez des étrangers, il procédait avec une régularité invariable à ces services préliminaires, malgré l'étonnement inquiet de certaines maîtresses de maison qui croyaient à une inadvertance de service, quand il n'y avait là qu'une habitude invétérée de savant, remarquait Pasteur en souriant, dès qu'il s'apercevait du léger trouble causé par cette inspection prolongée.

On pouvait pardonner facilement à Pasteur cette coutume importée de son laboratoire, mais ceux qui n'ont pas les mêmes raisons de se faire pardonner pareil oubli feront bien de ne pas l'imiter.

Il est encore à remarquer que les bonnes manières sont de tous les instants ; à aucun moment, elles ne se séparent des personnes. Pour savoir si quelqu'un est intelligent, instruit, ferme dans ses desseins, il est nécessaire d'avoir le secours du temps et des circonstances ; mais on reconnaît, au premier coup d'œil, celui qui possède une bonne éducation.

Etudions maintenant quelques moyens d'acquérir ou de développer les bonnes manières.

VIII

MOYENS D'ACQUÉRIR LES BONNES MANIÈRES

Il n'y a pas à se décourager devant les résultats plus ou moins négatifs qui suivent les premiers efforts. Dans toutes les sphères d'action, ceux qui sont arrivés à bien faire les choses les ont d'abord mal faites : c'est la loi de l'apprentissage. Mais la répétition des actes crée l'habitude. L'habitude confère en même temps la grâce et la force, la grâce qui embellit les actes et la force qui les facilite. Les Hollandais prétendent que la peinture ne coûte rien, tant elle préserve heureusement les choses contre l'humidité de leur climat. Il est très sûr que les bonnes manières ne coûtent rien à acquérir, si on compare les difficultés rencontrées aux avantages procurés. Les manières se communiquent assez facilement, au moins dans une certaine mesure : les hommes se les donnent les uns aux autres. Aussi rien de plus important, en la matière, que de fréquenter les gens distingués et d'en faire, autant que possible, sa compagnie habituelle.

Mais puisqu'il s'agit ici d'une étude consciente, la première condition est, peut-être, d'avoir un modèle et de l'étudier. Prendre quelqu'un pour modèle n'est autre chose qu'admirer en lui certaines qualités et vouloir les reproduire en soi. Il y a, d'abord, constatation, estime ; il y a, ensuite, recherche et effort pour mettre dans sa propre vie ce qui plaît et attire dans la vie d'autrui. Au début, la volonté d'imiter et l'effort pourront donner un air guindé : peu à peu l'habitude adoucira les lignes frustes et simplifiera les mouvements empesés. Plus que dans toutes les autres entreprises, le secret du succès réside ici dans l'attention aux petites choses et dans la perfection du détail.

L'examen du chemin parcouru, la revue des tentatives fructueuses et infructueuses, une exacte vigilance sur soi-même, une lutte incessante contre le laisser-aller et les négligences, ont leur poids. Pourquoi aussi ne pas prier un camarade d'apporter aide par le moyen de ses remarques et de ses conseils ?

Vous auriez tort de considérer le but poursuivi et le mécanisme pour l'atteindre, comme chose méprisable, indigne des soins d'un homme sérieux et de la recherche d'un chrétien.

Que voulez-vous, sinon donner toute louange à Dieu et, pour cela, perfectionner en vous toutes les forces et tous les dons humains? Le général de Sonis, parlant d'un jeune officier qu'on lui avait recommandé, écrivait : « Je me suis occupé un peu de son extérieur, afin de parfaire la distinction naturelle de sa personne, persuadé qu'en toutes choses, les chrétiens appelés à vivre dans le monde, doivent se rapprocher, autant que possible de la perfection, et cela dans un but surnaturel qui n'a rien à faire avec la vanité. »

Nous allons maintenant entrer

dans le détail de notre étude. Il me semble que déjà vous devez considérer la politesse, le respect, la tenue, l'amabilité, la distinction, comme autant d'éléments qui constituent une véritable obligation et comme des ornements destinés à finir votre structure morale et à donner aux grandes lignes de votre physionomie l'expression d'un travail achevé.

CHAPITRE II

La Politesse

———

I

NATURE DE LA POLITESSE

Si je vous parle aujourd'hui de la politesse, ce n'est pas pour vous l'enseigner. Qui la connaît mieux que vous ? Mais vous me l'avez demandé ; puis, l'Église, au nom de qui nous nous entretenons, a son mot à dire sur tout, et le chrétien doit apprendre à surnaturaliser ce qu'il y a en lui de plus naturel.

La politesse est une qualité dont tout le monde parle, que tout le monde aime, au moins chez autrui, mais qui n'en est pas moins difficile à décrire. N'est-elle qu'une pure formalité, quelque chose de superficiel, fait pour les oreilles et les yeux, ou bien est-elle l'expression de sentiments qui ont leurs racines au fond de l'âme ? Il y a divergence d'avis. L'accord sera plus facile, si on la définit : Un ensemble de paroles, d'attitudes, de gestes, de démarches émanant de l'âme et destinés à faciliter les relations des hommes entre eux.

Les expressions *politesse, homme poli*, font penser à ces galets que le flot apporte sur la grève et qui, dans les nombreux mouvéments de leur dure existence, ont perdu leurs aspérités et leurs arêtes tranchantes. Ils sont lisses, arrondis, polis ; ils ne blessent ni la main qui les saisit, ni le pied qui les foule.

Au premier abord, la politesse paraît être uniquement la grâce du corps. Mais il ne faut pas s'y tromper, son essence est plus compliquée. Les mouvements extérieurs n'auront leur charme entier que si toutes les richesses de l'âme viennent les animer : l'esprit en inspirant le tact, l'à-propos, la flamme ; le cœur en distillant la bienveillance et l'affabilité ; la volonté en commandant l'effort. Celui-ci d'ailleurs n'agira qu'à l'intérieur pour mouvoir les autres facultés, sans jamais se produire au dehors que sous la forme de courtoisie, de délicatesse, d'urbanité, de déférence. En disant ceci, j'indique des appellations synonymes de la politesse, **qui serviront** à mieux faire comprendre ce qu'elle est.

Elle est crucifiante parfois pour celui qui la témoigne; elle est toujours douce à celui qui en est l'objet. En effet, nous ne pouvons être polis qu'à nos dépens, je veux dire aux dépens de nos aises, de notre vanité, de notre orgueil. L'égoïsme nous parle de notre propre excellence et nous interdit le sacrifice en faveur d'autrui. La politesse nous fait agir en sens opposé et nous jette dans la lutte contre nous-mêmes. Mais, nous sortant de notre moi orgueilleux et stérile et nous jetant dans l'action, elle nous perfectionne par là même, elle nous rappelle notre vraie grandeur et la grandeur des autres, elle développe les semences de bien très nombreuses et très précieuses qui sont en nous.

La Bruyère, parlant du défaut opposé à la politesse, a écrit : « L'incivilité n'est pas un vice de l'âme, elle est l'effet de plusieurs vices : de la sotte vanité, de l'ignorance de ses devoirs, de la paresse, de la stupidité, de la distraction, du mépris des autres, de la jalousie ».

II

LES GLOIRES DE LA POLITESSE

S'il est vrai — et qui prétendrait le contraire ? — qu'on peut retourner cette énumération et attribuer à la civilité les qualités contredites par l'incivilité, quelle belle suite de vertus nous aurons dans cette genèse de la politesse ! Essayons cette conversion : « La politesse n'est pas une vertu de l'âme, elle est la résultante de plusieurs vertus : de l'humilité, de la connaissance de ses devoirs, de l'activité, de l'intelligence, de l'attention, de l'estime de soi et du respect des autres, de la charité aimante et dévouée ».

Je comprends les éloges qu'a faits d'elle le P. de Pontlevoy : « Elle importe à la société où elle est le vernis de la charité et le charme de la conversation ; dans l'individu, elle supplée aux qualités extérieures et rien ne la remplace, pas même la vertu ». Rien d'étonnant puisqu'elle est elle-même un composé de plusieurs vertus.

Les relations avec les personnes polies sont faciles et agréables. Aucun mot blessant, aucun acte choquant, aucune question indiscrète, pas d'air maussade, mais des paroles aimables, et des procédés bienveillants. Non seulement les froissements, les heurts, les ressentiments sont évités, mais l'esprit est réjoui et le cœur se laisse gagner.

Aussi la politesse est-elle estimée partout, dans les cloîtres aussi bien que dans le monde. Saint François d'Assise, qui s'était initié très tôt aux bonnes manières, garda jusqu'à la fin une singulière estime pour la politesse. Ayant rencontré parmi les jeunes gens, entrés dans son Ordre naissant, un religieux que distinguait le charme exquis de ses relations, il en fit son compagnon habituel. Il disait de ce religieux : « Pour être parfait, un frère mineur doit, entre autres qualités, avoir l'excellente tenue et l'affabilité de frère Masseo. »

III

LES SOURCES DE LA POLITESSE

Vous avez puisé à trois grandes sources la politesse exquise qui se remarque en vous. Vous êtes poli parce que vous êtes homme, parce que vous êtes catholique, parce que vous êtes Français.

La nature humaine

Dieu a créé l'homme pour vivre en société ; dès lors il a mis en lui quelques germes des qualités requises pour faciliter les rencontres et permettre les services mutuels. Ces germes se trouvent dans chaque individu, ils y sont proportionnés à la noblesse native de son âme et à la générosité particulière de sa nature. Chacun doit à Dieu et à ses semblables de les développer par une étude personnelle. Saint Thomas, qui ne manque jamais d'exhorter à grandir les qualités naturelles et à faciliter leur noble activité, écrit : « L'homme est tenu, en vertu d'une obligation naturelle, de mettre du charme dans ses relations avec autrui, *homo tenetur ex quodam naturali debito ut aliis delectabiliter convivat.* » Saint François de Sales eût traduit : « L'homme est tenu à joncher de fleurs la route où il marche avec le prochain »

Comment ceux qui n'ont pas de frein plus puissant éviteraient-ils, sans la politesse. les chocs toujours prêts à naître de l'incompatibilité des caractères, de la divergence des principes, de l'opposition des buts, de l'irritabilité de l'amour-propre, de l'orgueil, de l'ambition ?...

L'Evangile

Ici, comme en tout ordre de choses, la grâce perfectionne la nature. La grâce est amie, conseillère et soutien des bonnes manières : son charmant nom le dit déjà assez.

En quelle admirable fusion ces deux choses ne se rencontrent-elles pas en Jésus, et dans l'Évangile qui nous rappelle les enseignements et les leçons de Jésus ? A la suite des lignes où saint Jean nous enseigne que Jésus est rempli de grâce et de vérité, on peut placer, à long intervalle sans doute, ce mot de Lacordaire : « Jésus-Christ est le premier gentilhomme du monde. »

Jésus nous a montré, en même temps, comment il faut aller à son Père et comment il faut vivre avec nos frères. Il a pratiqué le premier la suavité du langage, l'affabilité des manières et cette délicatesse exquise des bons procédés, dont la politesse mondaine n'est que la contre-façon. Lorsqu'il fit l'éducation morale des Apôtres, il eut à cœur de leur recommander les devoirs de la bonne société. Il leur apprit à céder toujours le pas dans les compagnies, à ne point rechercher ces préséances dont les orgueilleux sont si jaloux, à ne point garder le souvenir des injures, en un mot à être serviables et obligeants en toute occasion. Il descend même aux détails des actions les plus communes, comme de se laver les mains,. afin que l'on ne soit jamais pour le prochain la cause du moindre déplaisir. Il supporte avec une égale mansuétude et la grossièreté de quelques-uns de ses Apôtres et l'embarras que lui cause quelquefois l'empressement du peuple à le suivre. Il a pour tous des procédés affables.

L'Évangile a introduit dans le monde une délicatesse supérieure, jusqu'alors inconnue. Le Grec, surtout celui de l'Attique, avait de l'esprit, de la facilité, du vernis; nous lui devons cette expression brillante : l'*Atticisme*. Le Romain des villes, quoique plus solennel, avait de la courtoisie, de l'élégance, une grande noblesse d'allure; nous lui devons les mots *urbanité, civilité*; mais à l'un et à l'autre il manquait cet admirable mélange d'humilité, de charité, de bonté qui constitue la politesse chrétienne et qui se trouve si bien exprimé dans cette parole de Bonald : « Les hommes éclairés, sous Louis XIV, étaient religieux et d'une extrême politesse ; ils se gênaient avec Dieu et avec les hommes ». La politesse chrétienne s'étend à plus de personnes et ses manifestations sont plus profondes.

La patrie française

Serait-ce du chauvinisme ? Il me semble que nul peuple ne possède une plus riche nature humaine que le peuple français ; que nul, plus que lui, ne s'est laissé pénétrer intimement par le ferment de l'Évangile.

Dès lors, quoi de plus simple que de rencontrer les meilleures formes de la bonne éducation chez celui qui en possède la meilleure base! D'ailleurs, la locution *poli-*

tesse française est consacrée depuis longtemps. Qui dira ce que cette locution résume d'habitudes exquises et de recherche élégante dans le langage et dans les manières? L'Anglais a trop de raideur, l'Allemand trop de rudessse, l'Espagnol trop de prétention ; le Russe est trop barbare, l'Oriental trop flatteur ; l'Italien, qui se rapproche davantage de nous, est trop diplomate. La politesse française, c'est l'honneur et le christianisme passés dans les mœurs d'une nation.

IV

LA POLITESSE ET LES « JEUNES »

Celui qui a puisé la politesse à ces trois sources n'a guère besoin de feuilleter les manuels; il sait et pratique d'une façon vivante ce que les livresques n'observeront jamais qu'avec gêne, embarras et froideur.

La politesse tient compte de l'âge, du sexe, du rang; elle sait que la femme, le vieillard, le prêtre, le détenteur d'une partie de l'autorité ont droit à des égards spéciaux, à des procédés plus déférents. Son triomphe est de marquer les nuances voulues selon les personnes et les circonstances.

Beaucoup de jeunes gens de notre époque ont répudié les traditions antiques. Parce qu'ils ont juré d'éviter toute contrainte, ils ignorent la délicatesse, la bonne grâce, le savoir-vivre : ils n'ont plus ni la racine ni la fleur de notre race. Malgré l'emphase et le dédain qu'ils affichent à certains moments, on pourrait leur appliquer cette épithète de *rustres* que les Romains réservaient jadis à ceux qui vivaient dans les champs et dans les bois.

Non seulement ils ne préviennent pas, mais ils ne rendent pas les témoignages de civilité que leur donne parfois une bienveillance trop empressée. On dirait Marius, rappelé par Cinna de l'île Circine et vouant à la mort tous ceux à qui il ne rendait pas le salut.

Vous n'êtes point de ceux-là, et j'aime à retrouver en vous ces habitudes polies de l'homme du monde qui contribuent à faire estimer le chrétien; vous savez qu'une prévenance élève encore plus celui qui la témoigne que celui qui la reçoit.

———

V

QUELQUES DÉTAILS

Depuis que vous m'avez choisi pour votre conseiller, je vous ai observé attentivement, soit dans votre famille, soit au milieu de vos amis, soit même dans la rue.

J'ai remarqué votre continuel désir d'être agréable à vos parents et les attentions respectueuses dont vous ne cessez de les entourer. Dans l'intérieur de la maison et jusque dans le jardin, je vous ai toujours vu la tête découverte devant votre mère : dans tous vos rapports avec elle, vous montrez la tendresse et la soumission d'un fils, alliées à ce qu'il y eût jamais de plus noble dans l'attitude d'un chevalier. Ce n'est pas vous que l'on verrait occuper un fauteuil lorsque votre mère n'a qu'une chaise.

Vos frères et vos sœurs, les domestiques eux-mêmes sont, dans la mesure qui convient, l'objet de vos prévenances. Tout en étant bien d'aujourd'hui, vous avez les manières d'autrefois.

Je me suis parfois trouvé dans votre chambre lorsque vous receviez vos camarades. Si vous n'aviez rien d'emprunté, vous n'aviez non plus rien d'un laisser-aller vulgaire. Je me suis rendu compte de la manière habile dont vous saviez alimenter la conversation sans jamais l'accaparer comme un monopole. Vous amorciez les sujets favoris aux uns et aux autres, vous écoutiez patiemment l'opinion d'autrui, tout en la redressant finement, lorsqu'il était besoin. Nul ne supporte mieux un ennuyeux, nul ne trouve une forme plus douce pour exprimer les vérités pénibles, quand il est opportun de les dire. En hiver, quand tous désirent participer aux bienfaits de la flamme, vous n'imitez pas votre ami X... qui se dresse devant le foyer, comme un écran ou comme un dieu lare et qui, de là, pontifie et ennuie. Vous connaissez le prix de l'exactitude. Être exact, c'est penser aux autres : c'est une des formes de la charité et du dévouement. Sur le champ de bataille, le retard est parfois la défaite — souvenez-vous de Waterloo. — Dans les relations sociales, quelques minutes d'inexactitude ont souvent été la cause de froissements, de divisions, d'insuccès. On fait aux militaires l'honneur de les regarder comme des modèles d'exactitude. « L'exactitude militaire », dit-on. C'est la vôtre. Si vous y manquiez, un jour, vous ne présenteriez certes pas l'excuse formulée par un ministre qui s'était fait attendre chez un roi : « Pardon, Sire, je vous ai oublié. » — « Non, vous vous êtes oublié », lui fut-il répondu.

Jusque dans la rue, vous vous souvenez qu'il y a des égards à garder. Vous les observez dans votre tenue, dans vos regards, dans votre manière de saluer. Vous laissez le trottoir aux vieillards, aux infirmes, aux dames ; dans les omnibus, vous n'hésitez pas parfois à céder votre place, pour permettre à ceux que vous devez respecter d'être assis...

Enfin, évitant également les écueils de la familiarité et ceux de l'obséquiosité, vous donnez à tous les témoins de votre vie une impression de bonne grâce et de délicatesse très appréciée. J'ajouterai que la politesse grandit chez vous avec le sentiment de l'honneur et celui de la foi. Elle n'est pas une étiquette trompeuse annonçant brillamment une réalité qui n'est pas. Elle est ce qu'elle devrait être chez tout chrétien : la charité en action. C'est pourquoi elle abrite votre vertu elle-même, en ne vous permettant pas et en ne permettant pas aux autres un laisser-aller favorable aux compromissions et aux tentations. Cultivez-la donc toujours avec soin.

CHAPITRE III

Le Respect

I

QU'EST-CE QUE LE RESPECT ?

La politesse que nous avons étudiée ensemble, est transcendante au formalisme mondain, sorte de comédie que les hommes se jouent les uns aux autres et qui consiste en un cérémonial de formules et de gestes auxquels ne correspond souvent aucun sentiment de l'âme.

Elle est la politesse chrétienne faite de respect et d'amabilité.

Nous avons maintenant à faire l'analyse du respect.

Le respect est un sentiment composé d'estime et d'admiration, qui s'élève en nous devant toute apparition de grandeur, de noblesse, de dignité, d'autorité, et qui nous tient également éloignés de la terreur et de la familiarité.

Il commence, suivant son étymologie, par la considération des choses — *res aspicere;* — il tient compte de la nature différente de ces choses et, par son caractère de majesté, il saisit d'une crainte douce et pieuse notre sensibilité.

Il est le fruit de l'âme entière, de l'être total. Mais seules les natures généreuses l'éprouvent dans toute son étendue: il suppose, en effet, un esprit assez lucide pour constater les supériorités, un caractère assez désintéressé pour ne pas en avoir ombrage, un cœur assez noble pour s'émouvoir devant ce qui est digne d'estime, une volonté assez énergique pour commander une conduite en conformité avec l'estime ressentie.

A qui doit aller notre respect? A tout ce qui est, d'une façon générale, parce que, en tout ce qui est, il y a quelque chose de sacré ; mais particulièrement à nous-mêmes, au prochain, à Dieu. Devant ces trois majestés, que le respect se dresse, semblable à cet ange, placé jadis au seuil de l'Éden pour en faire respecter l'entrée !

II

LE RESPECT DE SOI

C'est par le respect de nous-mêmes que nous devons commencer à apprendre le respect.

Qui suis-je pour mériter le respect, mon respect? Un homme et un chrétien.

Un homme! c'est-à-dire un être très grand dans son origine, dans sa destinée et dans son être, puisque, venu de Dieu et créé pour Dieu, je suis fait à l'image de Dieu. Comme homme (je ne dis pas encore comme chrétien), je suis tout cela. Dieu est mon principe et ma fin; Dieu est mon modèle. Je me rappelle le mot du Créateur : « Faisons l'homme à notre image et à notre ressemblance. » Si jadis le philosophe Plotin « haïssait d'être homme », c'est qu'il ne savait pas ce que c'est que d'être homme. L'homme est un être enveloppé de gloire et d'honneur, investi d'autorité. Dieu est intelligence ; l'homme a une intelligence. Dieu est liberté ; l'homme possède la liberté. Dieu est amour ; l'homme aime : ces traits, si imparfaits qu'on les suppose dans la copie, constituent cependant une ressemblance avec le modèle, avec Dieu.

Dans cette ressemblance gît le motif du respect que je me dois à moi-même, c'est-à-dire à mon être et à chacune des facultés qui le composent. Il s'agit ni plus ni moins de garder et de développer la ressemblance divine. Mon intelligence est faite pour la vérité ; mon cœur est fait pour la beauté ; ma volonté est faite pour le bien.

Je n'atteins ici-bas la vérité, la beauté et la bonté qu'à l'état fragmentaire, sous des formes finies, imparfaites. Parfois, ces grands biens ne se présentent à moi qu'après avoir dévié de leur source et s'être infectés au contact du mal. Je dois vérifier ce qui se dit vérité, beauté, bonté, le mettre en regard de la loi divine, le comparer avec ce que je sais de Dieu qui est par essence le vrai, le beau et le bien, le juger suivant sa capacité de me rapprocher ou de m'éloigner de Dieu, et ainsi, me mettre par l'esprit, par le cœur et par la volonté, à la poursuite de Dieu.

Je suis homme ; de plus, je suis chrétien. Quoique déjà très grande et très respectable, ma dignité humaine est dépassée de très loin par ma dignité chrétienne. Homme, je suis créature et serviteur; chrétien, je suis fils et héritier. Je ne connais pas seulement Dieu par la révélation que m'en donnent les choses visibles; je sais sa vie intime et les mystères de pensée et d'amour qui relient le Père au Fils et les deux à l'Esprit-Saint : notions, il est vrai, encore voilées, mais que l'avenir me découvrira plus entièrement, puisque j'ai la promesse de voir un jour Dieu tel qui est.

Dans ce nouvel ordre de choses, mon cœur et ma volonté ne restent pas en arrière de mon intelligence: je puis un peu aimer Dieu comme il s'aime; je puis un peu le servir comme il mérite d'être servi : prélude d'un amour et d'un service qui se perfectionneront dans le ciel, quand je serai semblable à Dieu.

Ces transformations sont commencées en moi : le baptême m'a fait naître à la vie divine ; les autres sacrements, et particulièrement l'Eucharistie, conservent et développent cette vie en moi. La mort — cette fonction devrait me la rendre très chère — fera tomber devant moi le rideau qui me dérobe la plénitude de la vie divine, du bonheur divin.

L'âme et le corps

Mais l'âme n'est pas tout mon être : j'ai aussi un corps organique dont mon âme est la forme.

Placé au centre de la création, je suis le dernier des esprits et le premier des êtres matériels. Aussi, tout en laissant la prépondérance à l'esprit, je ne dois pas mépriser mon corps et l'abandonner à lui-même. L'Écriture me donne ce conseil : « *Carnem tuam ne despexeris.* » Le corps vient de Dieu, et c'est son chef-d'œuvre dans l'ordre sensible ; il appartient à la personne morale ; il est fait pour aider à la recherche du souverain Bien. Lui aussi, quoique à la seconde place, a droit au respect. Dieu le lui donne avec une sorte de profusion. N'est-ce pas par lui qu'il atteint notre âme et lui communique la sainteté ? A lui l'effusion baptismale ; à lui le chrême de la Confirmation ; à lui l'Hostie sainte ; à lui les suprêmes onctions ; à lui les promesses de la résurrection : à lui le grand hommage rendu par saint Paul : « Le corps est semé dans la corruption, il se lèvera dans l'incorruption. Il est semé dans l'ignominie, il se lèvera dans la gloire. Il est semé dans l'infirmité, il se lèvera dans la force. Il est semé corps animal, il se lèvera corps spirituel. » (I Cor., xv, 42, 43, 44.)

Tout à l'heure, je me demandais les raisons que j'avais de me respecter. Elles se présentent maintenant à moi nombreuses et pressantes ; je puis maintenant mesurer ma dignité ; je vois ce que mon rang dans l'échelle des vivants exige de moi. Homme et chrétien, je me vois dans l'alternative d'agir en homme et en chrétien ou de devenir moins homme et moins chrétien, de ne l'être même plus du tout, d'être un déclassé et même — pourquoi craindre le mot ? — d'être psychiquement un monstre.

III

COMMENT SE RESPECTER ?

Au point où j'en suis arrivé, une question se pose : Comment me respecter ?

Je trouve la réponse chez un de nos littérateurs dont j'aime la grâce et la facilité de style, mais dont, pour l'ordinaire, je ne puis admettre la morale trop relâchée. M. Faguet me dit : « L'âme noble est celle qui a besoin de se respecter soi-même, et qui, pour satisfaire ce besoin, se fait aussi belle, aussi grande et aussi élevée que possible. C'est ainsi qu'il faut se respecter... Vous devez respecter en vous l'être plus complet que vous qui y est en puissance et que vous pouvez devenir... Vous devez respecter en vous ce que vous pouvez être, ce que vous désirez être, ce que vous êtes appelé à être. »

C'est très bien. Je vais appliquer ces principes à ma double vie d'homme et de chrétien, et régler sur eux mes actes d'intelligence, de cœur, de volonté. Dans la nature et l'orientation de mes pensées, dans l'acquisition des idées nouvelles qui se fait au moyen des conversations et des lectures, dans le choix et la contemplation de mes souvenirs, dans l'étude et la fréquentation des œuvres d'art, je respecterai l'être que je suis et celui que je suis appelé à être.

Il en sera ainsi dans l'ordre de mes affections, qu'il s'agisse de l'amitié ou de l'amour. Averti par le

vieil adage : « Dis-moi qui tu han-
tes, je te dirai qui tu es », je choi-
sirai avec soin mes compagnons de
vie, je les étudierai longtemps
avant de me confier à eux ; je sur-
veillerai attentivement, au dedans
de moi, tout ce peuple d'instincts,
de tendances, d'élans qui vont,
viennent, disparaissent, se développent d'après l'état du fond où ils
naissent, mais qui dépendent aussi
des consignes de ma liberté et de
l'attitude que je prends vis-à-vis
de l'ambiance.

Enfin, puisqu'il s'agit non seulement de ma personnalité actuelle, mais de ce que je veux être,
je ferai acte de volonté ; je saurai
sortir des mollesses et des neutra-
lités ; je ne prendrai pas mes mots
d'ordre auprès de ceux qui sont
aveuglés par l'erreur et obstinés
dans le mal, ou auprès des roseaux

flottants de l'opinion, que tout vent agite et incline ; je prononcerai des *oui* et des *non* énergiques ; synthétiquement j'aurai une attitude décidée. Le moraliste Tennyson donne ce conseil aux jeunes Américains : « Le respect de soi-même, la connaissance de soi-même, la possession de soi-même, voilà les trois seuls guides qui mènent la vie au souverain pouvoir. » Moi, je vais avant tout vers le souverain Bien. Toutefois, il me semble que les trois conditions mentionnées par Tennyson contiennent une partie de l'itinéraire. Je m'appliquerai donc à les réaliser ; et d'abord je me respecterai.

IV

LE RESPECT DU PROCHAIN

Je ne suis pas isolé en ce monde ;
je vis en société : j'ai des frères.
Des frères ! Voilà que j'ai prononcé
le mot qui réclame mon respect
pour le prochain.

Je trouve dans le prochain la
dignité humaine et la dignité
chrétienne. Je dois respecter cette
double dignité en autrui comme
en moi.

La société s'échelonne en différents degrés qui forment une
hiérarchie et donnent à l'homme
des supérieurs, des égaux, des
inférieurs. Avec des nuances sans

doute, et nombreuses et distantes, l'homme a toujours droit au respect de l'homme. Si la vertu, les relations, la situation, l'âge commandent des égards spéciaux, cependant un certain respect est encore dû à ceux qui ne possèdent aucun de ces titres particuliers. Saint Paul recommandait à tous ses chers Romains de s'accorder le respect mutuel. Et Lacordaire dit très bien : « Le respect entre comme un condiment nécessaire dans les rapports des hommes entre eux, et l'affection la plus tendre n'en exclut pas l'expression, quelque tempérée qu'elle devienne en ses mains. »

Peut-être sera-t-il bon de nommer rapidement quelques-uns de ceux qui ont des droits particuliers à mon respect. En tout ordre de choses, il faut se tracer des chemins et y projeter la lumière : la marche est plus facile et plus rapide ensuite.

Les parents.

En un vers charmant, qui est dans toutes les mémoires, le poète latin recommande à l'enfant de reconnaître tout d'abord sa mère par un sourire :

Incipe, parve puer, risu cognoscere matrem.

Sans doute, comme l'enfant auquel s'adressait le poète, j'ai autrefois reconnu ma mère par mon premier sourire ; je lui ai ensuite donné les premiers témoignages de mon respect — je dis à ma mère et à mon père. — Ces témoignages ont grandi avec les années ; je suis bien décidé à les exprimer toujours. Mon langage, c'est le respect de mes lèvres ; ma docilité, c'est le respect de ma volonté ; mon amour, c'est le respect de mon cœur. O mes chers parents, je ne cesserai jamais de vous entourer des égards les plus révérentieux, et jamais, cependant, je ne parviendrai à reconnaitre suffisamment l'amour, les soins, les sacrifices dont vous vous êtes montrés si prodigues en ers moi.

Les supérieurs

Ce n'est pas seulement l'autorité paternelle qui revendique mon respect, c'est toute autorité ; et la raison, c'est que toute autorité vient de Dieu. Chose étrange, Tibère et Néron détenaient l'autorité à l'époque où saint Paul prescrivait le respect de l'autorité.

L'homme disparaît donc avec ses tares chez celui qui a le pouvoir, et, dans un représentant très indigne, je reconnais le dépositaire du don divin. La plus ordinaire expression de mon respect à l'égard du pouvoir est l'obéissance. J'obéirai aux dépens de ma tranquillité, de mes goûts; j'obéirai jusqu'au péché exclusivement, me souvenant alors que parfois les hommes appellent lois des dispositions qui ne sont pas des lois, parce qu'elles sont contraires à l'essentielle condition des lois, qui est de procurer le bien de la communauté.

En affirmant que tout pouvoir vient de Dieu, le catholicisme n'ennoblit pas seulement l'obéissance, il affirme la principale raison d'être du pouvoir, qui est de procurer le bien des peuples, des collectivités, petites et grandes, à l'image de Celui qui n'est pas venu pour être servi, mais pour servir. Le pouvoir devient alors « la religion de seconde majesté », comme le définissait Tertullien, et la soumission est rendue pleine de dignité.

Si quelque vestige de la puissance divine se retrouve dans l'homme, c'est assurément chez le prêtre. N'ai-je pas lu ce mot révélateur que prononçait jadis saint Jean Chrysostome : « Le prêtre est un autre Christ ? » Le premier prêtre, parmi les hommes, est celui qui a la plénitude du sacerdoce, soit comme étendue de pouvoir, soit comme étendue de juridiction, le Souverain Pontife ; c'est ensuite l'évêque, puis c'est le curé de ma paroisse, puis c'est mon confesseur ; enfin c'est tout prêtre. A travers l'étonnante parole de saint Jean Chrysostome, j'aperçois quels profonds sentiments de vénération doivent susciter en moi la personne du prêtre, sa parole, son ministère.

La femme

A cause de la faiblesse de sa nature, à cause de la grandeur qu'elle atteint lorsqu'elle est fidèle à son rôle de chrétienne, d'épouse, de mère, la femme mérite le respect. Même lorsqu'elle oublie sa dignité et perd l'ultime notion du respect personnel, la femme a droit à mon respect à moi. Elle peut s'oublier elle-même, sans que je sois jamais reçu à oublier son âme faite à l'image de Dieu, et sa destinée immortelle.

Ici, je me souviens d'une gracieuse pensée de Joubert : « Il faut que les regards soient respectueux. » Ce petit mot me donne l'idée de tout un code du respect dont je veux aussitôt écrire quelques articles : Il faut que les lèvres soient respectueuses. — Il faut que l'attitude soit respectueuse. — Et pour assurer ces formes extérieures du respect, il faut que les pensées, les affections, les désirs soient respectueux. Mais Joubert a bien fait de distinguer le respect des regards. Le psychologue peut dire au jeune homme : « Je vois toute votre âme dans votre regard. » On l'a remarqué : les yeux sont le balcon de l'âme. Et comme l'âme s'y montre bien ! tantôt forte, noble, généreuse, fière, sublime ; tantôt fragile, lâche, vaincue. Quand l'âme est ainsi aux fenêtres, il suffit parfois d'une seconde et d'une circonstance pour une ruine définitive.

Parmi les femmes, il en est qui ont choisi une existence toute de sacrifice et de dévouement. Je dis bien : qui ont choisi ; car, à beaucoup d'entre elles, un autre genre de vie était offert : la fortune et tout ce que la fortune donne. Elles sont allées au Christ, dans les souffrants de tout nom. Grâce à elles, les victimes les plus douloureuses du malheur sont entourées, choyées, servies comme ne le sont pas les monarques eux-mêmes, avec toute leur puissance.

J'ai lu que Lamoricière, après les guerres d'Algérie où il avait vu les Sœurs de Saint-Vincent de Paul répandre partout autour d'elles, sur les champs de bataille et dans les ambulances, l'espérance, la joie et la vertu, ne passait jamais auprès d'une Sœur de Charité sans la saluer. Pourquoi ne perpétuerais-je pas le geste de Lamoricière ? Pourquoi ne me découvrirais-je pas quand j'apercevrai la cornette des Filles de Saint-Vincent, la mante noire des Petites-Sœurs des Pauvres, la livrée bleue des Sœurs de l'Assomption ?

Le vieillard

Le mot respect semble inséparable du mot vieillard. Ne dit-on pas comme dans un même nom : *un respectable vieillard, un vénérable vieillard ? Ergo venerande senex,* écrivait déjà Virgile. Les yeux du vieillard ont contemplé tant d'événements, son cœur a tant souffert des heurts de la vie, son corps s'est tant courbé sous les tâches pénibles ! Que, du moins, ses derniers pas dans la vie, autour de son tombeau, soient environnés de considération !

L'enfant

A l'autre extrémité de la vie, à la période des commencements, l'enfant est digne de respect. Par tous les sens, par les premiers essais de son intelligence, il prend au dehors et collectionne au dedans de lui les éléments de sa vie d'esprit, de cœur et de sensibilité. J'entre en quelque sorte dans la vie future de l'enfant qui me voit et qui m'entend ; mes paroles et mes exemples sont un peu du ferment qui caractérisera son langage et ses actes, sous réserve de l'action de sa liberté. Cette constatation me prescrit une grande attention, une grande vigilance. « Les anges de ces petits voient la face du Père qui est dans les cieux. » Je n'apercevrai pas un de ces petits sans me rappeler le souvenir des anges et la présence du Père céleste.

Les maîtres

Respect aux maîtres qui dirigent ma jeunesse et m'initient au culte des belles-lettres, aux secrets des sciences, aux lois dures mais nécessaires de la discipline. Respect fait de docilité d'esprit, de confiance, de dignité, de reconnaissance. Docilité d'esprit également éloignée du calque servile et de la contradiction de parti pris; confiance dans les méthodes indiquées; dignité qui ne me permettra au dehors que l'attitude correspondant à mes convictions intimes; reconnaissance pour le dévouement.

Les malheureux

Enfin, respect au malheureux. J'ai toujours été ému devant ces paroles du Christ : « Venez tous à moi, vous qui souffrez et portez des fardeaux, et je vous referai. Ce que vous ferez au plus petit d'entre vos frères, c'est à moi que vous le faites. » Je ne puis voir quelqu'un souffrir sans me figurer le Christ penché vers lui, sans me dire : le blessé du chemin de Jéricho pansé par Jésus, par moi.

Vraiment le respect est grande chose. C'est qu'il est d'origine divine. Lacordaire me le rappelle : « Le respect est descendu sur nous de Dieu même qui nous a faits à son image. » En Dieu il est une majesté qui repousserait, si elle était toute seule ; mais cette majesté suprême étant unie à une suprême bonté, il résulte de ce mélange ineffable une physionomie qui attire sans rien perdre de sa grandeur. C'est un reflet de cette nuance qui habite en nous et qui produit le respect.

V

LE RESPECT DE DIEU

J'arrive à Celui qui, plus que tout autre, a droit à mon respect, à Dieu.

Dieu lui-même nous traite avec un souverain respect, *Cum magna reverentia disponis nos.* Il n'use pas contre nous de sa puissance et il n'argue pas des droits de son autorité; il ne force pas, il prie. Il pourrait briser la porte de nos cœurs et entrer chez nous par violence. Non, il frappe et il attend, *ecce sto ad ostium et pulso.* Il respecte ainsi notre liberté.

Comment le respect ne monteraît-il pas de nous à lui? Si nous éprouvons du respect pour le prochain et pour nous-mêmes, c'est parce que nous trouvons l'image divine dans le prochain et en nous. Si nous respectons la personne de notre père et de notre mère, si nous respectons la puissance de l'autorité, la majesté du vieillard, le sacrifice de l'âme religieuse, la pureté de la femme, l'innocence de l'enfant, nous retrouvons en Dieu, à un degré plus haut, à un degré infini tous ces objets de notre vénération. Oui, notre respect, en s'élevant vers Dieu, ne s'adresse pas seulement à sa grandeur suprême, il va également à sa bonté suprême, il est un mélange ineffable de soumission et d'amour et s'appelle l'adoration. Respect à la souveraineté du Père, à la sagesse du Fils, à l'amour de l'Esprit. Respect aux choses de Dieu, à l'Église, à l'Évangile, aux sacrements, en particulier au sacrement de la puissance et de l'amour, *Adoro te devote, latens Deitas.*

Si je réfléchis bien, le respect de Dieu ne me tient jamais quitte. Cette voix, qui parlait, dans les plaines de la Chaldée, au patriarche Abraham, souffle aussi à l'oreille de mon cœur : « Marche en ma présence. » La voix de l'Esprit me dit : « En lui tu vis, tu te meus, tu es ; respecte ta vie, respecte tes mouvements, respecte ton être. Respecte Dieu dans les autres. » Immense cercle qui enclôt mon existence tout entière et qui tend à la rendre parfaite : « Marche en ma présence et sois parfait. »

VI

LE RESPECT A L'HEURE ACTUELLE

Où en est le monde, aujourd'hui, par rapport au respect? Très loin et très bas. « Le respect est éteint », disait déjà le vénérable M. Royer-Collard, « et rien ne m'afflige davantage, car je n'estime rien plus que le respect ».

La faute en est au renouveau de paganisme qui s'introduisit jadis en Europe à la faveur de la Renaissance; la faute en est au Protestantisme et à son principe d'individualisme qui concentre l'individu en lui-même et l'éloigne de toute coopération au bonheur d'autrui;

la faute en est au philosophisme, qui sapa une à une toutes les bases de l'ordre moral et qui n'eut que des ricanements cyniques pour nos plus pures gloires, même pour notre Jeanne d'Arc; la faute en est aux abus de l'égalité introduits par la Révolution.

Tout ce qui faisait la grandeur des individus et des nations a été attaqué; le respect en a reçu un coup mortel. Les jeunes gens surtout ont été atteints. Ils ne veulent plus rien respecter. Nous nous étonnons, lorsque Lacordaire, témoin des habitudes d'un autre âge, écrit douloureusement : « Le respect s'est évanoui du cœur de tous, et la main du jeune homme touche avec une virilité impie la main du vieillard. » Le flot a monté depuis, et M. P. Bourget, parlant des potaches, que décidément il n'aime pas, écrit : « Le respect de soi, cette vertu si belle dans le premier âge et qui fait d'un adolescent pur et fier une si noble fleur humaine, apparaît à ces polissons comme une pose et comme une sottise. »

Et quand on ne se respecte pas, impossible de respecter les autres sinon par quelques marques superficielles et par un vernis d'honneur qui ne résiste pas.

Le péril est grand. Chaque jour il est dénoncé. On ne respecte plus la religion; on ne respecte plus l'autorité; on ne respecte plus la famille; on ne respecte plus rien. Dans la littérature, dans les théâtres, dans la rue, aux vitrines des magasins, à la devanture des kiosques..., les institutions et les personnes sont ridiculisées chez un peuple où l'on dit que le ridicule tue.

VII

LA GRANDE ÉCOLE DE RESPECT

Tout est-il perdu, ou bien un remède existe-t-il ? — Si grand que soit le mal, il est un remède souverain. « L'Église, disait le protestant Guizot dans une de ses leçons sur la civilisation, est une grande école de respect. » Cette école est toujours ouverte et tient toujours ses cours. Aucune autre n'enseigna jamais mieux le respect et n'en étendit aussi loin l'obligation, parce qu'aucune autre ne l'appuya sur un fondement si solide.

Pour renouveler ma confiance dans l'Église sur ce point précis de ses aptitudes, je veux rappeler quelques principes catholiques et opposer à ces principes les pratiques du paganisme.

L'Église nous enseigne notre commune origine ; elle nous dit que nous sommes tous frères, tous rachetés du sang de Jésus-Christ ; elle affirme que toute paternité et toute autorité viennent de Dieu. Ces enseignements et les déductions qu'ils renferment ont donné au sentiment naturel du respect les différentes formes que j'ai rappelées.

Au contraire, le paganisme, en considérant les empereurs et les rois comme autant de divinités et en créant le système des castes, a détruit, autant qu'il était en son pouvoir, la notion innée du respect.

Je n'ignore pas que, chez certains peuples et à certaines périodes de leur histoire, on ne puisse admirer sur un point ou sur un autre, de grandes manifestations de respect ; je dis que le respect n'était pas et ne pouvait pas être pratiqué dans son intégrité.

L'homme ne se respectait pas lui-même, car son grand principe de vie morale était le *Sequere naturam*. Or, la nature ne peut être un bon guide, puisque le mauvais usage de la liberté en a, dès les premiers jours et chez le premier homme, faussé l'harmonie et détruit la droiture.

L'homme ne respectait pas le prochain. Si l'on cite mal, parce qu'on ne la cite pas totalement, la parole de Plaute : « *Homo homini lupus (quem non noveris)*, défie-toi de l'étranger », cependant on dépeint assez fidèlement, par cette citation tronquée, l'attitude des hommes entre eux, dans la plupart des vieilles civilisations.

L'homme ne respectait pas le pouvoir : il ne lui en coûtait nullement de traîner aux gémonies les monarques qu'il venait de déifier ; il ne connaissait pas de milieu entre la servitude et la révolte.

L'homme ne respectait pas la femme, même au foyer domestique. Chez bien des peuples, l'épouse était traitée en esclave, et elle n'était pas toujours la plus considérée parmi les esclaves.

L'homme ne respectait pas l'enfant. Presque partout, il estimait avoir tout droit sur sa vie et ne se souciait guère de sa moralité. Le païen avait besoin d'entendre le conseil de Juvénal :

Maxima debetur puero reverentia : si quid
Turpe paras, ne tu pueri contempseris
                                    [annos.

Il fallait que les spectacles offert[s] aux yeux de l'enfant fussent bien vils pour émouvoir la conscience très large du satirique et en arracher ce cri. L'enfant élevé par une mère découronnée de sa dignité, et passant toutes ses jeunes années au milieu des esclaves, n'était pas à une école de respect.

L'homme ne respectait pas le malheureux. Sans doute il y a le fameux texte : *Res sacra miser*. Trop souvent, à l'abri de cette expression une critique empressée parle de la vénération de l'antiquité pour le malheur. D'abord, ce n'est pas l'antiquité qui parle ainsi, mais seulement un ancien. Encore y a-t-il lieu de voir ce que désigne ce mot : *Res sacra*. Il veut dire probablement que le malheureux était *tabou* ou *totem* dans le sens péjoratif, et qu'il ne fallait pas le toucher de peur de se souiller, comme il arrivait dans le cas du lépreux. Qui nous montrera, en effet, dans l'antiquité, les dévouements inspirés par la souffrance, la maladie, la vieillesse, la pauvreté ? Qui nous montrera les institutions fondées pour secourir le malheur ?

L'homme ne respectait pas la divinité. La divinité, c'était parfois le vice humain personnifié ; c'était parfois la statue ou la pierre elles-mêmes ; elle était dépendante du rite ; le rite était plus fort qu'elle. Ce ne fut que très rarement un être personnel, transcendant, omniscient, parfait.

On constate et on comprend que le respect n'existe guère dans le paganisme. On le trouve beaucoup plus dans le protestantisme où il est le fait du traditionalisme et du christianisme, mais il n'a toute son étendue que dans le catholicisme dûment pratiqué. Si Lacordaire définit le respect « une crainte douce et pieuse », on peut dire que les protestants n'ont que la crainte, à moins que ce ne soit le formalisme ; chez le catholique, la crainte s'atténue dans la douceur et la piété.

VIII

REVENIR AU RESPECT

Je viens de voir que sans le respect, l'homme méconnaît la royauté qui est en lui et s'avilit ; il retourne, vis-à-vis du prochain, à la grossièreté et à la barbarie ; il est ingrat et injurieux à l'égard de Dieu.

Au contraire, le respect est regard révérencieux de l'esprit et du cœur ; culte rendu au reflet de la divinité dans les créatures ; reconnaissance de la vérité, de la beauté, admiration de tout ce qui implique élévation et noblesse. Le respect est un sentiment essentiellement formateur et éducateur. Il met en communication avec les grandes âmes et avec les grandes choses : il provoque de généreux sentiments, il suscite des attraits qui épurent et transforment, il devient un moyen très puissant pour embellir, consoler et fortifier la vie. Il est, en même temps, le témoignage d'une intelligence droite, d'un cœur généreux et d'une volonté forte. Par tous ces côtés, le respect est le salut pour les individus, pour les peuples et pour la société humaine tout entière.

Les individus qui ne se respectent pas et qui ne respectent pas, préparent les peuples voués à la défaite. Au lendemain des désastres de 1870, l'académicien Ed. Rousse, écrivait à un ami : « Nos ennemis nous ont vaincus avec trois mots dont ils ont fait vingt victoires : l'ordre, la patience et le *respect*. L'ordre, la patience et le respect, voilà ce qu'il nous faut apprendre. Notre société tout entière est sortie du devoir, il faut qu'elle y retourne. Chacun dans ce pays a quitté sa place ; il faut qu'il y retourne. »

Je sais comment se fera ce retour. Il n'y a qu'un moyen, c'est d'aller à la grande école de respect, à l'Église.

CHAPITRE IV

La Tenue

I

DÉFINITION ET DIVISION

En me remerciant de ma « leçon de politesse » — malice que je vous pardonne, — et de mes conseils sur le respect, vous me demandez quelques réflexions sur la tenue. Je vais essayer de vous satisfaire, sans m'attarder à vous dire que vous me conduisez de difficultés en difficultés, les sujets proposés étant sinon épineux, du moins faits de nuances difficiles à saisir et à exprimer.

Il y a sans doute dans la tenue quelque chose d'inné et qui ne s'enseigne pas. Cependant si beaux que soient les dons naturels, je crois tout à fait qu'ils peuvent grandir par la culture; je crois aussi que la culture peut développer les germes les plus faibles. Puis, il ne suffit pas de posséder des qualités, il faut de plus savoir à quoi et comment elles doivent servir. Il y a donc lieu de faire une étude sur la tenue, c'est-à-dire de définir, d'analyser, de conseiller.

Mais n'auriez-vous pas pu commencer votre interrogatoire par ce point, ou bien avez-vous eu raison de le placer en quatrième lieu ? Je ne sais trop. Certes, la tenue, la correction extérieure conduit à la politesse et au respect, mais aussi, elle en provient ; elle est en même temps cause et effet.

Comment diviser notre entretien ? La tenue ne regarde-t-elle que nous ou se rapporte-t-elle également au prochain ? Elle nous regarde et regarde aussi le prochain. On dit de quelqu'un : Il se tient bien ; — il sait se tenir à sa place. Nous ne ferons dans les pages suivantes que commenter ces deux expressions.

Mais avant, nous proposerons cette simple définition : La tenue, c'est l'ordre, c'est-à-dire le tout de la vie. Ceux-là donc ne se trompent pas qui, disant d'un jeune homme : « Il a de la tenue », pensent faire de lui un grand éloge.

Il semble bien qu'une étude sur la tenue doive commencer par quelques observations sur le visage.

II

SAVOIR SE TENIR

Le visage

Lorsque Ovide, dans son poème de la création, veut dépeindre l'homme, il écrit ces deux vers :

Os homini sublime dedit : cœlumque tuer
Jussit et erectos ad cœlos tollere vultus.

La tête, la figure, manifeste et résume toute la physionomie de l'homme. Le fabuliste a beau nous défendre, au nom de son expérience et de celle des siècles, de juger les gens sur la mine, lorsqu'il nous arrive d'aborder quelqu'un, nous le regardons au visage et si nous avons reçu le don de la pénétration, nous prononçons au-dedans de nous-mêmes un jugement que l'avenir ne démentira guère. « Les hommes, dit Émerson, prennent naturellement leur mesure, lorsqu'ils se rencontrent pour la première fois et chaque fois qu'ils se rencontrent, même avant de parler. »

Les yeux

Assurément le front et les rides sont révélateurs, mais ce sont les yeux qui donnent la grande manifestation des pensées et des affections. L'intelligence, la volonté, le cœur, la sensibilité montent aux yeux et y révèlent, d'une façon très expressive, les traits de la personnalité, avec tout ce peuple mobile d'impressions et de tendances qui s'agitent en nous, parfois à notre insu. Le poète disait à la fleur :

> Je vois dans votre calice
> Le ciel entier s'épanouir.

Si nous sommes préoccupés et tirés au loin par une pensée qui nous absorbe, si nous sommes importunés par une visite, impatientés par une demande, nos yeux l'auront vite appris à notre interlocuteur, en dépit de toutes les paroles aimables qui se presseront sur nos lèvres. S'il y a en nous de l'énergie, nos yeux intimeront des ordres et imposeront des vouloirs beaucoup mieux que ne feront nos paroles. Si nous sommes sans vigueur, si les passions nous troublent, si elles nous gagnent, si elles nous dominent, nos yeux en feront une révélation sans pareille. Nos yeux sont pleins de mystères et ils montrent aussi que nous perçons les mystères qu'on veut nous cacher ; ils interrogent, ils scrutent, ils livrent tout le secret d'une âme à une autre âme.

Le regard est le grand artisan de la beauté, le grand indicateur de l'intelligence, le grand révélateur du courage et de la valeur morale, la grande cause des commandements obéis et des commandements méprisés. « La raison pour laquelle les hommes ne nous obéissent pas, dit Émerson, c'est qu'ils voient de la fange au fond de nos yeux. » Bien souvent, j'ai lu dans vos regards la joie, la noble fierté, les belles ardeurs, l'étonnement, l'ennui, les luttes intérieures, les résolutions généreuses : ce

fut parfois la raison de ces révélations qui vous surprenaient, parce
que vos lèvres n'avaient encore
rien dit.

Il y a donc une éducation du
regard à faire, une vigilance à
exercer sur le langage des yeux.
Laissez-les vous traduire et non pas
vous trahir; laissez-les montrer
vos pensées et vos sentiments,
mais non pas révéler vos faiblesses
et servir vos passions; laissez-les
s'ouvrir et briller pour le bien,
fermez-les pour les œuvres de
mort. Le courtisan et le diplomate
parviennent à composer leurs regards, l'un pour dissimuler les
sentiments désagréables qu'il
éprouve, l'autre pour réussir dans
son rôle mystérieux. Pourquoi ne
chercheriez-vous pas à surveiller le
vôtre, alors que vous n'avez pas à
vous couvrir de mensonges, mais

à poursuivre votre redressement et le progrès de votre âme?

Mettez dans vos yeux une pensée haute et non un flot d'images terrestres.

Les lèvres

Les lèvres sont l'ordinaire moyen de mes communications avec autrui.

Quoique moins éloquentes, moins riches d'expression et moins fidèles que le regard (je vous semble dire des paradoxes), les lèvres, qu'elles soient au repos, qu'elles sourient ou qu'elles parlent, indiquent le fond de notre âme. D'ailleurs, pour être compris, leurs messages demandent moins d'initiation et de clairvoyance que celui des yeux. Il y a les lèvres pincées, les lèvres entr'ouvertes, les lèvres dont la ligne s'allonge et celles dont la ligne se rétrécit, les lèvres qui tombent et les lèvres relevées... Tous ces caractères, qui comportent une foule de nuances, ont leurs révélations.

Le sourire, lui aussi, exprime les sentiments les plus divers ; il dit la bonté et la malice, l'admiration et la raillerie, la confiance et le doute, la joie et la tristesse, l'approbation et le blâme

Le rire a des notes plus fortes et une expression moins délicate, mais il raconte complaisamment nos émotions et nos passions, depuis la plus saine gaîté jusqu'à la sensualité et la stupidité. On a remarqué qu' « il y a autant de rires que de voyelles. Ceux qui rient en A sont francs et bruyants ; le rire en E est propre aux mélancoliques ; l'I est le rire habituel des personnes naïves, serviables, timides, irrésolues; l'O indique la générosité et la hardiesse. l'U est la note des avares et des hypocrites. »

Le langage

Enfin, par le langage articulé, nous arrivons à la conversation, qui est la manière commune d'échanger nos pensées et nos sentiments, pour ceux du moins qui ne professent pas avec Talleyrand que la parole nous a été donnée pour déguiser nos pensées. Ici, surveillez le ton de votre voix il y a des intonations railleuses, courroucées, méprisantes.. qui percent comme des flèches et font d'inguérissables blessures Une parole eût passé inaperçue, parfois même elle eût porté fruit ; la manière dont vous l'avez dite a suscité le mécontentement, la révolte ou la rancune.

Surveillez votre vocabulaire ; où que vous vous trouviez, ne descendez pas à de déplorables imitations ; ne cultivez ni le « genre charretier », ni le « genre apache », ni le « genre gamin de Paris ». Dans le milieu que vous avez fréquenté : famille, école, société, amis, vous avez trouvé de meilleurs modèles : c'est là que vous devez chercher les règles du bon langage. L'argot ne convient pas. Un juge — peut-être fût-il sévère, — a dit : « Quand on parle l'argot, on est enrégimenté dans l'armée des malfaiteurs. » (H. Joly).

La bouffonnerie n'est pas de mise. Vous avez un autre rôle à jouer dans le monde que celui d'histrion.

Le pire défaut est de tomber dans les conversations vraiment mauvaises ; je n'en parlerai pas ici, car il vous souvient sans doute des réflexions que je vous ai déjà soumises à ce sujet.

Les habits

J'en viens aux habits, mais pour peu de temps, car je vous en ai parlé aussi. Vos vêtements, dans leur couleur, leur coupe, leur propreté ou leurs taches, leur raideur ou leurs plis, sont un indice plus ou moins précis de ce qu'est votre âme. Nous nous habillons de telle ou telle façon, nous soignons ou nous négligeons nos habits, parce que nous avons telles ou telles dispositions intérieures Notre vêtement est une résultante, mais il réagit aussi. Elle est très juste, cette remarque de Joubert : « Les habits modestes rendent modestes ceux qui les portent ; compliqués, ils amènent insensiblement quelque complication dans les manières des personnes les plus simples. Tous les hommes ne peuvent pas se donner un habit assorti à leurs mœurs ; mais tous assortissent inévitablement leurs manières à leurs habits. »

Lorsque des jeunes gens se présentaient au sculpteur Rude pour lui demander d'être admis dans son atelier, il commençait par leur faire cette recommandation : « Mes enfants, d'abord tenez-vous bien. Je n'aime pas les débraillés. »

Si l'art réclame une certaine dignité dans la mise, le progrès moral n'est pas moins exigeant.

Un habit propre, élégant, convenable à votre situation, vous donnera quelque confiance en vous-même, vous suggérera quelque dignité, inspirera à autrui quelque impression d'estime. Tenez-vous à ce genre ; soyez également éloigné du désordre et de la recherche exagérée, qui agiraient fâcheusement sur vous et sur les autres. Ne vous surchargez pas de breloques et de bijoux, vrais ou faux : ce sont là ornements de reines, reines de salon ou reines de théâtre.

La chevelure

Parlerai-je encore de la chevelure? Le P. Lacordaire ne dédaignait pas de donner des conseils à ses jeunes amis sur cet article important de la toilette. Il blâmait « les fantaisies de mollesse, les mèches tombantes sur le front, la manière épaisse, large et flottante, les cheveux chargés d'essence, les crinières de lion ou d'ours ». Il voulait que la chevelure attestât la virilité. Il ne défendait pas ab-

solument les parfums, sachant
que, en certains cas, l'Évangile les
autorise, mais il savait que la
règle de l'Évangile est la discrétion et il demandait que l'on
fît de ces essences un usage mo-
déré.

Bien des volontés s'énervent,
bien des abus se glissent, bien du
temps se perd dans ces questions
du vêtement, des bijoux et de la
chevelure. Lorsqu'on rencontre
sur nos boulevards, sur nos places
publiques et dans nos réunions
une foule de petits maîtres et de
dandys efféminés, on comprend
mieux l'effacement actuel des caractères, on songe à Héliogabale, à
la longue chevelure, aux vêtements
soyeux et pailletés d'or, aux doigts
couverts de pierreries, qui s'amu-
sait à enfiler des mouches et à tuer
des hommes et qui laissait crouler

entre ses mains ce qui avait été le formidable empire romain.

La chambre

Le domaine de la tenue s'étend plus loin encore. Votre chambre en fait partie; votre maison aussi... quand vous en aurez une. « Ma chambre est le royaume de l'ordre », disait un jeune homme. De fait, rien n'y était laissé à la traîne, rien n'y était en expectative. Chaque chose occupait sa place et l'occupait dans une position harmonieuse. Sur la cheminée, sur les meubles, sur les murs, dans la bibliothèque, les statues, les bibelots, les cadres, les livres étaient ordonnés avec goût. Aucun droit n'était reconnu à la poussière. Quand les meubles s'ouvraient, les mêmes dispositions d'ordre et de propreté apparaissaient à l'intérieur. Tout le décor était digne d'un jeune homme chrétien. Ce n'est pas dans cette chambre que j'ai vu le spectacle rencontré ailleurs : des photographies légères au milieu des photographies de la famille : double inconvenance.

Il y a aussi une application des lois de la tenue quand vous êtes seul dans votre chambre, ou au milieu de votre famille et de vos amis les plus intimes. Vous vous récriez à cette observation et vous rappelez le principe cher aux jeunes : « Où il y a de la gêne, il n'y a pas de plaisir. » Il n'y a pas lieu, selon vous, de faire des frais lorsqu'on est seul — pour qui les frais? — ou lorsqu'on est « en pays connu » — à quoi bon? — Et alors, vous apparaissez en costume négligé, vous vous étendez comme un Turc sur les tapis et les

fauteuils, vous bâillez, vous sifflez,
vous chantonnez, vous ne suivez
pas la conversation. Il sera bien
temps de vous surveiller, dites-
vous, quand vous paraîtrez dans
les salons, au milieu des étrangers.
Vous réservez ainsi pour le monde
officiel la dignité du maintien et
tout cet ensemble précieux d'attentions, de prévenances, d'urbanité dont le charme délicat serait
d'abord dû à ceux qui vous aiment
et qui, en nombre de circonstances, n'ont pas hésité à se gêner
pour vous.

La marche

Laissez-moi encore vous prier
de faire attention à votre marche :
vous n'avez pas su jusqu'ici y trouver l'égalité. Tantôt vous marchez
à pas rapprochés et précipités, tantôt à grands pas lents, tantôt le

buste et la tête trop raides, tantôt le corps courbé en avant. Vous avez aussi vos heures solennelles et majestueuses, dans lesquelles on pourrait noter vos attitudes en scandant la fameuse tirade adressée à Cyrano de Bergerac. Marchez — c'est le cas de le dire — entre le genre désinvolte et le genre précieux. Je pourrais faire intervenir les réclamations de l'hygiène : mieux vaut vous renvoyer à votre professeur de gymnastique suédoise.

Si vous faites partie d'un cortège, si vous prenez part à une cérémonie, si vous assistez à une réception, observez le cérémonial de circonstance, ayez la tenue commandée par le caractère de la réunion. Les foules ont leur mentalité, formée on ne sait comment. Tel jeune homme qui est d'une correction impeccable lorsqu'il est seul, tombera dans de graves oublis de tenue lorsqu'il se trouvera dans une collectivité. Les Français qui sont le peuple le plus poli du monde, ont bien de la peine parfois à garder la gravité qui convient, et lorsqu'ils manquent de correction, ils en manquent tout à fait. Ceux qui sont témoins ou victimes de ces oublis n'ont pas tous la magnanimité dont fit preuve, un jour, Benoît XIV envers quelques-uns de nos jeunes compatriotes. « Le chevalier de Mirabeau, capitaine de vaisseau, étant à Civita-Vecchia, demanda au pape Lambertini la permission de lui présenter ses gardes maritimes. Ces jeunes gens furent admis à l'audience de Sa Sainteté ; mais, après les cérémonies d'étiquette, il leur prit un rire

si fou que le chevalier tout interdit s'épuisait en excuses auprès du
Saint-Père : « Allez, consolez-vous,
Monsieur le Chevalier, lui dit Benoît XIV; je sais que, tout pape
que je suis, je n'ai pas assez de
pouvoir pour empêcher un Français de rire. » (F. Nicolaÿ).

Vous et Dieu

Même quand vous êtes seul, il
y a vous et Dieu. Vous devez vous
observer, pour garder l'entraîne-
ment de la correction extérieure
et pour fortifier votre volonté par
une certaine contrainte conti-
nuelle. Le respect que réclame la
présence de Dieu comporte également une attitude convenable.
Vous savez que saint François de
Sales ne se départissait à aucun
moment de la tenue la plus cor-
recte. L'évêque de Belley, qui le

recevait souvent, avait pratiqué dans la cloison qui séparait leurs deux chambres une ouverture qui lui permettait d'examiner à loisir son hôte pendant le temps que celui-ci se croyait à l'abri de tout regard : c'était toujours la même dignité, le même maintien, plein de simplicité et de noblesse : bel exemple de la maîtrise de soi et de l'attention à la présence de Dieu.

III

SE TENIR A SA PLACE

Bien vous tenir quand il ne s'agit que de vous; vous tenir à votre place quand vous êtes avec les autres : voilà les deux articles qui résument tout le code de la tenue. Le premier article est-il plus difficile à observer que le second ? En tout cas, il est souvent négligé. La chose s'explique : toutes les vertus sont appelées à s'exercer dès que nous entrons en relation avec le prochain. Nos droits ne sont plus seuls en jeu; ils sont limités par des devoirs ; nous n'avons plus seulement à vouloir contre nous-mêmes, nous avons souvent à vouloir contre les autres. Les difficultés croissent donc en nombre et en intensité. Vis-à-vis des autres, nous avons des obligations d'honneur, de déférence : nous devons ici le service, ici la soumission. La discrétion commande de respecter les secrets d'autrui, de ne pas nous ingérer dans ses affaires ; la réserve nous invite à tenir compte de l'âge, du rang, de la situation ; la modestie, plus vigilante encore, nous inspire des sentiments de délicatesse ; la prudence nous fait calculer nos démarches, en mesurer la portée et l'effet, en prévoir jusqu'aux derniers contrecoups. Les circonstances conseillent tantôt l'accord, tantôt l'expectative, tantôt l'éloignement.

Si le prochain a des droits que nous sommes obligés de sauvegarder, nous avons de notre côté des droits à faire valoir et à défendre contre toute tentative du prochain. Je vais me faire comprendre.

Vous tenir à votre place ! Qu'y a-t-il au fond de cette locution et quelle est donc votre place ? Il y a dans cette locution l'expression de toute votre vie chrétienne : et votre place est celle que délimitent votre titre et vos obligations de chrétien.

Qu'est-ce qui vous guidera dans vos actes ? Qu'est-ce qui orientera votre existence ? Ce n'est pas une consigne venue de vos camarades ou de l'opinion ; ce n'est pas nécessairement l'exemple donné autour de vous. Votre guide c'est votre conscience éclairée par la loi de Dieu.

IV

CHOISIR LES CAMARADES
ET LES ENDROITS

Bornons-nous au terrain sur lequel nous nous sommes placés dès le début.

Une importante fonction de votre conscience consistera dans le choix de vos camarades. Les camarades ont une influence indéniable sur ceux qui les fréquentent, influence qui se manifeste par une sorte d'assimilation des caractères en présence. Nous devenons très vite semblables à ceux que nous fréquentons. La trivialité du langage et des manières, la bassesse des sentiments révéleront les gens qui sont à fuir.

Tout ne se borne pas à la circonspection vis-à-vis des personnes; les lieux ont eux aussi leur pouvoir tentateur et oppresseur. Pensez-vous entrer sans courir des risques dans les cafés-concerts, dans les beuglants ou dans les coulisses d'un théâtre ? Vous croyez-vous l'homme fort qui veut tout connaître, qui peut tout se permettre et que rien n'émeut ? Je vous dirai que je n'ai jamais rencontré cet homme; je vous dirai que je n'ai jamais pris en défaut le vieil oracle : « Celui qui cherche le danger périra. » Vous allez à votre perte. La chute peut-être n'aura pas lieu dès votre première imprudence. Un sentiment tout contraire pourra même se

produire. Une âme qui a longtemps gardé sa délicatesse, résiste
d'ordinaire et parfois se révolte à
la première vision du mal. Mais si
vous renouvelez la tentative, la
chute est fatale et s'explique psy-
chologiquement. Le mal pénètre
par tous les sens : les yeux, les
oreilles, l'odorat, le tact, apportent
à l'âme les mêmes impressions
amollissantes. Sous les poussées
convergentes du dedans et du dehors, la convoitise s'allume ; une
immense vague de sensualisme
enveloppe le jeune imprudent. Il
tombe. Qu'est-ce à dire ? Qu'il a
fait un pas de plus dans une voie
qui était dangereuse dès l'abord.

Alors se produit cette marche
ascendante ou plutôt descendante
qui aboutit à fixer les âmes dans
les bas-fonds de la passion : concu-
piscence, tentation, faute, désor-

dre, habitude. Une vie nouvelle est commencée où l'on n'écoute plus sa conscience, où l'on abandonne son confesseur, où l'on ne prie plus, où l'on fait pleurer sa mère, où l'on ne travaille plus, où l'on s'endette... où l'on est un autre homme.

L'alternative se pose ainsi : ou éviter certains camarades, ou leur ressembler, ou fuir certains endroits ou en porter la déshonorante empreinte. Le devoir est dur ; il est parfois, en effet, isolement et solitude. Subissez-le quand même, ou vous n'échapperez pas au danger. Voulez-vous deux exemples entre mille ? Je les prends en sens contraire. Mes jeunes correspondants étaient l'un sous-officier, l'autre étudiant en droit. Tous deux étaient intelligents, aimables, de manières distinguées ; tous deux m'avaient quitté avec la promesse de rester excellents chrétiens. Ils différèrent d'attitude devant le danger : L'un resta fidèle au devoir ; l'autre, un moment, le trahit. Le premier m'écrivait : « Il n'y a moyen d'échanger ses impressions avec personne : je n'ai pas un seul ami, pas même un camarade. Je vais tous les soirs dans ma chambre après mon dîner, et je lis ou je travaille. Rien ne peut m'attirer en ville où il n'y a rien qu'un café-concert absurde, comme ils le sont tous, et qui ne m'attirera jamais le moins du monde. » J'avoue qu'un pareil isolement est rare. Si mal partagé qu'on soit, on arrive presque toujours à trouver quelques natures d'élite, ou du moins quelques âmes supérieures au niveau habituel des casernes dont on peut se faire une compagnie réconfortante.

A la chute de ceux qui jusquelà étaient restés fidèles, les mauvais éprouvent une étrange joie : la trame qu'ils avaient ourdie a réussi ; ils ont vu périr un censeur. Car, en réalité, des complots se font pour circonvenir et perdre les belles âmes, les âmes qui sont un reproche vivant contre la conduite des faibles, des méchants et des criminels.

Nous avons considéré ensemble, sous ses aspects variés, la question de la tenue. Puissiez-vous être convaincu de son importance et être décidé à vous surveiller de plus en plus sur ce point. L'œuvre de votre perfectionnement s'y rattache, en grande partie. Aussi, tout en évitant la pose, l'affectation et le pédantisme, surveillez vos manières, votre attitude, l'expression de votre physionomie, l'accent même de votre voix et le feu de votre regard. N'oubliez pas les égards que vous devez au prochain ; ne fréquentez qu'à bon escient les gens et les lieux. Examinez-vous et modifiez-vous, s'il est besoin ; observez autour de vous, et agissez en conséquence.

CHAPITRE V

L'Amabilité

I

SA GENÈSE

La politesse, le respect, la tenue
sont choses quelque peu austères :
on se les représente volontiers
graves, raides, légèrement solennelles, ayant tout le poli et toute
la froideur du marbre. Aussi ga-
gneront-elles beaucoup à faire
appel à l'amabilité.

L'amabilité est une vertu très noblement apparentée. Elle descend en ligne directe de la charité, de la bonté, de la douceur, de la patience, de l'humilité; elle est sœur de la grâce et du charme. Son étymologie dit qu'elle fait aimer ceux qui la possèdent. La Sainte Écriture lui décerne cette louange étonnante : « Un homme aimable de relation sera plus ami qu'un frère. » Sous le nom très voisin d'affabilité, saint Thomas dit d'elle : « L'amabilité n'est pas une vertu spéciale, distincte des autres ; elle est la fleur exquise qui naît de l'union de toutes les vertus. »

Les poètes aussi l'ont chantée :

Il existe un art charmant;
C'est plus que l'art de bien faire,
Beaucoup mieux que l'art de plaire :
C'est l'art de faire plaisir.

Elle est une de ces qualités délicieuses qui n'ont pas un grand lustre extérieur et qui néanmoins, « tombant goutte à goutte dans le commerce de la vie, adoucissent les relations, diminuent les difficultés et répandent sur les affaires une heureuse onction » (Lacordaire).

Sa pratique n'est pas aussi aisée qu'elle pourrait paraître à première vue.

II

SES DIFFICULTÉS

Rappelez-vous l'arbre généalogique dressé tout à l'heure, et songez combien de conditions difficiles sont requises pour être aimable. Du dehors, les bénéficiaires de l'amabilité ne perçoivent que l'agrément et la joie qui vont à eux, tandis qu'elle suppose, chez celui qui l'exerce, une maîtrise de soi considérable, un grand empire sur ses défauts, sur ses facultés, sur les circonstances extérieures. Il ne suffit pas, en effet, d'être aimable dans les heures de contentement et vis-à-vis des personnes qui sont elles-mêmes aimables ; il faut l'être pour tous et toujours. Les gens riches, honorés, heureux, pourraient se passer de vos prévenances. N'en trouvent-ils pas partout ? Mais les petits, les humbles, les malheureux, qui s'en occupera ? Qui fera épanouir pour eux la fleur parfumée de l'amabilité, si vous les délaissez ?

Ne vous contentez pas de rechercher ce que j'appellerai les vertus robustes et austères du catholicisme ; ajoutez-y les qualités gracieuses et délicates. Rendez l'obscur petit service, dites la parole bienfaisante, donnez le sourire de la bonté ; accomplissez toutes ces choses qui sont le langage du cœur compatissant et dévoué, et que le cœur triste, meurtri, isolé, ou tout simplement le cœur, comprend ; polissez les arêtes des choses ; mettez un peu de poésie dans les événements vulgaires ; ne vous contentez pas de donner, donnez avec bienveillance et gaieté, « laissez la douce et humble condescendance surnager à toutes vos actions ». Louis Veuillot n'a-t-il pas écrit : « C'est mon idée que le parfum des roses est aussi nourrissant que le parfum des pommes de terre »? « Combien j'ai de peine à parler dans les conversations ! » disait Lacordaire. La vulgarité des gens, la banalité des choses, répugnaient à sa nature noble et fine, mais il prenait sur lui pour sortir de son silence, et, très généreusement, il répandait autour de lui, dans des causeries captivantes, les trésors de son esprit et de son cœur.

III

SES AVANTAGES

L'amabilité sera utile à vous-mêmes, au prochain et à la religion.

Pour vous

Elles vous fera apprendre beaucoup de choses excellentes et vous en fera oublier beaucoup de tristes et d'amères. Si parmi les marques de bonté que vous témoignerez, il en est qui demeurent inaperçues ou méprisées, il en est qui seront reçues par des âmes reconnaissantes et qui contribueront à l'expansion du bien sur la terre.

Vous vérifierez la vérité de la parole prononcée par le Sauveur : « *Beatius est magis dare quam accipere* ; il est beaucoup meilleur de donner que de recevoir. »

L'amabilité seule attirera et gardera auprès de vous le trésor précieux qu'est un am' fidèle ; elle vous suscitera des sympathies chez tous ceux qui entreront en relation avec vous et vous évitera les malaises, les froissements et les heurts qui s'élèvent fréquemment entre personnes de caractère difficile.

Un de nos ministres se comparait à un rosier qui porterait les roses en dedans. Singulière manière de porter les roses ! La plante qui n'a que des épines est un buisson.

Pour le prochain

La part du prochain sera grande. N'est-ce pas de bienveillance et de sympathie que le prochain a surtout besoin; tout comme nous, d'ailleurs? Le don qui nous est fait, sans être accompagné d'un peu de bonté, ne nous satisfait qu'à moitié. « Les manières doivent aussi être inspirées par la bonté du cœur, dit Émerson. Il n'est rien qui embellisse le teint, l'attitude, les formes, comme le désir de répandre autour de nous la joie et non la peine. Il est bon d'offrir un repas à l'étranger ou une chambre pour la nuit. Il est meilleur de se montrer accueillant pour ses bonnes intentions et pensées, et de donner du courage à un camarade. Nous devons avoir autant de courtoisie pour un homme que pour un tableau auquel nous désirons donner l'avantage d'une bonne lumière. » Il y a des aumônes qui blessent, des services rendus qui irritent, des compassions qui bouleversent : c'est quand le dédain, la vanité ou l'indifférence se laissent apercevoir à travers l'aumône, le service ou la compassion. Mais quand l'amabilité paraît, enveloppant un présent de son charme délicat, l'âme gagnée s'ouvre à la joie, au devoir, à la vertu. Elle dit à l'amabilité la parole enthousiaste du Cantique des Cantiques : « Attire-moi; entraîne-moi après toi; je courrai à l'odeur de ton parfum. »

S'il faut être aimable lorsque notre main s'ouvre, lorsque nos lèvres acquiescent, à plus forte raison faut-il l'être quand les circonstances nous empêchent d'accueillir les demandes qui nous sont faites ou de rendre les services qui sont sollicités. C'est alors surtout qu'il est bon de nous rappeler les égards dus au prochain et de nous faire pardonner, par l'expression de nos regrets et, de nos sympathies, ce que notre attitude a de rigoureux sur ce point particulier. Heureux serions-nous alors, si nous pouvions mériter cet éloge fait de saint François de Sales : « Il savait refuser avec tant de grâce que ses refus charmaient autant que ses bienfaits. »

Pour la religion

L'heureux contre-coup de votre amabilité rejaillira jusque sur la religion. Bien que d'une source divine, la religion est étroitement liée aux affaires humaines ; elle profite ou elle souffre des qualités

et des défauts de ceux qui la prati-
quent et la représentent. Vous
ferez donc bien de semer sur les
routes qui y conduisent les fleurs
de la bonté et de l'amabilité.
Pourquoi ? Pour engager ceux qui
stationnent dans l'oisiveté ou qui
s'en vont dans la perversité, à mar-
cher par les routes fleuries de la
religion.

Parmi vos compagnons, il pourra
s'en trouver un grand nombre qui
n'auront sur Dieu, sur Jésus-Christ
et sur l'Église que des notions
erronées : c'est à vous de manifester
Dieu, Jésus-Christ et l'Église dans
votre conduite, d'une façon si atti-
rante que vous les fassiez estimer
et aimer par ceux qui seront les
témoins de votre vie et qui vou-
dront devenir vos imitateurs dans
le bien.

Tous les saints ont été aimables.

C'étaient les images vivantes de Jésus-Christ. Il y avait en eux un je ne sais quoi de suave, de doux, de délicat, d'affectueux et, j'ose le dire, de poétique, qui donnait à leur dévotion un caractère tout particulier de suavité. On aurait dit qu'ils s'étaient engagés par vœu à être tout cela. Et n'est-ce pas en quoi consistait, pour une grande partie, leur don de séduction et leur puissance sur les âmes ? On venait à eux, et eux conduisaient à Dieu. L'amabilité opérait cette conquête. C'est que, selon la remarque du poète :

> Quand on a le sourire aux yeux,
> A la lèvre un mot gracieux,
> La vertu même en est plus belle.

Victor DE LAPRADE.

CHAPITRE VI

La Distinction

I

DÉFINITION

J'ai souvent vu des jeunes gens distingués ; néanmoins, j'éprouve quelque peine à définir la distinction.

Elle n'est pas seulement la politesse, ni seulement le respect, ou la tenue, ou l'amabilité. Si elle n'est aucune de ces qualités prises séparément, elle les suppose toutes et possède encore quelque chose de plus que leur réunion totale.

Comment analyser ce quelque chose ?

S'il suffisait de dire qu'il est aux qualités précitées ce que la fleur est à la tige, ce que le rayon est à la flamme, ce que la grâce est aux objets qu'elle entoure et revêt, ce serait déjà fait.

Cela ne suffit pas. La difficulté de définir subsiste. Joubert nous vient en aide dans une de ses pensées toutes coulées en or et en cristal : « Il faut, nous dit-il, que le mouvement ait de la grâce, la pensée de la fleur, le ton de la sincérité, la main du jeu, l'intention de l'équité, et le jugement de la droiture. » Voilà l'horizon ouvert très vaste devant nos yeux.

Aux lueurs que projette cette pensée, nous considérerons la distinction extérieure, la distinction morale, la distinction profession-nelle, la distinction chrétienne.

La marche est montante, graduée; mais, si les points de vue sont différents, ils ne sont jamais contradictoires.

II

LA DISTINCTION EXTÉRIEURE

Lorsqu'il s'agit de la distinction extérieure, Littré est un assez bon juge. Il donne cette définition : « Ce qui dans la tenue a un caractère d'élégance, de noblesse et de bon ton. »

Cette distinction confère aux personnes qui la possèdent un don de lumière et de charme, qui se projette sur tout ce qu'elles sont et sur tout ce qu'elles font. La distinction n'est pas que dans les traits du visage. Elle est dans le buste, dans les mains, dans l'attitude, dans la démarche. A côté de ceux qui sont distingués, d'autres vivent et agissent : c'est, d'une part, la même humanité ; ce sont, d'autre part, les mêmes actions et les mêmes objets. Cependant, personnes et choses diffèrent très grandement, selon que la distinction est ou n'est pas présente.

La distinction a sa manière — la meilleure — de parler, de se tenir, de faire un mouvement, de rester immobile. « Même lorsque l'oiseau marche, on voit qu'il a des ailes », dit-on. Ainsi, la distinction orne les moindres détails et transforme les actes les plus ordinaires ; elle donne un grand air aux choses les plus petites.

Avec le port souverain de la tête, avec le front sculptural, avec la ligne souriante et majestueuse des lèvres, avec la noblesse un peu hiératique du maintien au repos et la grâce souple du mouvement, Lacordaire était la distinction même A un degré moindre, vous avez sans doute rencontré, chez quelques-uns de vos compagnons de vie, l'ensemble rare des qualités qui font la distinction. Ce qui, chez d'autres, eût été un défaut ou une infériorité; par exemple, la petitesse de la taille, l'inharmonie naturelle des traits, se faisait oublier, ou se transformait dans je ne sais quel rayonnement de gloire. « J'ai vu, dit Émerson, des manières qui font une impression semblable à celle de la beauté personnelle; parfois, elles se montrent supérieures à la beauté, et rendent celle-ci inutile et laide. Devant l'expression, la beauté ne compte plus. Il y a des figures si baignées d'expression, si rayonnantes et si ruisselantes sous l'action de la pensée, que c'est à peine si nous pouvons découvrir leurs traits. »

Montaigne, trop petit, « se contrariait de n'avoir pas la majesté corporelle ». Mais la majesté corporelle ne tient pas aux dimensions physiques ; elle tient à la personnalité, à ce qu'on pense, à ce qu'on dit, à ce qu'on fait, au charme qui enveloppe l'individu et lui donne une grandeur qui n'est pas celle que mesure le mètre.

Ne dit-on pas que Thiers, à la tribune, dans la discussion des idées et l'éloquence de l'action, semblait hausser sa taille de nain, et dominait par son attitude, comme il dominait par la logique, la flamme et la noblesse de son discours ?

La distinction extérieure naît avec l'homme. Elle est l'un des dons que la nature met en germe dans le berceau de l'enfant. Son charme le plus prenant lui vient des libéralités du ciel. Les ans et la culture ne font que développer le dépôt initial. Celui qui n'a pas reçu ainsi la distinction ne la possédera jamais complètement. Cependant l'ente gracieuse se greffe aussi sur le sauvageon.

III

LA DISTINCTION MORALE

La véritable distinction a une origine très noble : elle est la transpiration d'une belle âme. Si elle paraît dans les manières, à la surface de l'être, elle vient de l'esprit, du cœur, de la volonté.

Les manières ne font impression sur les gens avisés que si elles indiquent la richesse du dedans. L'œil exercé voit ce qui est accompli pour la pose et ce qui est accompli par conviction, il reconnaît si l'habit seulement est d'un gentilhomme ou bien si le chevalier est digne de l'armure. Les belles paroles et les grands gestes, auxquels ne correspondent pas des sentiments adéquats n'en imposent point par leur seul éclat; ils retombent à vide sur eux-mêmes. Par delà la musique des sons et l'harmonie des gestes, tous, plus ou moins, nous cherchons l'âme, et notre jugement se base sur ce que nous croyons en apercevoir.

C'est pourquoi je vous invite, une fois de plus, à développer l'homme en vous, par la culture de l'intelligence, du cœur et de la volonté.

La distinction de l'esprit

On affirme souvent la distinction de l'esprit. « C'est un esprit distingué », dit-on Et, ce disant, on croit faire, et on fait, en réalité, un grand éloge d'une personne. Mais, comment acquérir cette distinction de l'esprit?

L'esprit, l'intelligence, c'est l'âme vis-à-vis de la vérité, l'âme encore dans le labeur de la recherche ou déjà dans la joie de la possession. « La fonction de l'intelligence, é·it Lacordaire, est de rechercher, d· pénétrer, de retenir la vérité, d· vivre d'elle et pour elle; là est sa perfection et sa béatitude. »

La vérité a deux domaines : celui de la science et celui du beau. La science, c'est la vérité à l'état abstrait. Le beau, c'est le vrai devenu sensible et manifesté, soit dans les scènes de la nature, soit dans les œuvres d'art.

L'esprit qui envie la distinction ne s'arrête pas à la vérité pure; il sait que la beauté vient de la même source que la vérité, et qu'elle mérite également la recherche et l'admiration. De l'une et de l'autre, il s'élève jusqu'à Dieu, lumière éternelle et beauté incréée.

Le devoir d'état est le guide qui prescrit à chacun les divers aspects de la science et de l'art à considérer. Mais, dans les heures de loisir, il est certaines études qui ont leur place marquée dans toute grande vie. Une science spéciale, possédée à fond, et des aperçus variés sur les autres sciences et sur les arts, donnent la distinction de l'esprit.

La distinction du cœur

La locution « cœur distingué » n'est guère en usage. Cependant, le cœur, plus que toute autre faculté, est principe de distinction.

Et d'abord, l'esprit n'est-il pas,

en quelque manière, redevable au cœur de ses lumières ? Lorsque le foyer des affections est chaud et lumineux, il monte vers l'intelligence des flammes qui créent une atmosphère lucide, au milieu de laquelle la pensée se dégage avec plus de netteté et de force. Vous vous rappelez le mot de Vauvenargues : « Les grandes pensées viennent du cœur. » Mais, par ailleurs, le cœur est, dans la poitrine de l'homme, quelque chose de ce qu'est le ciboire dans le tabernacle de nos églises. Ici, c'est le trésor du ciel et la demeure de la divinité ; là, c'est le centre de toutes les richesses humaines, la source de la vie et de toutes ses manifestations les plus nobles et les plus gracieuses. Du cœur jaillissent, à flots continus, le don de soi, l'oubli de soi, le sacrifice

de soi et ces inventions char-
mantes, les délicatesses, les prévenances, les actes de bonté, les
services rendus, les sympathies
et les tendresses... tous sentiments
qui, passant dans la parole, dans
les gestes, dans la physionomie, im-
priment à l'être ce cachet souverain qui n'a pas d'autre nom que
la distinction.

Le cœur est fait pour le bien.
Le bien, c'est encore la vérité;
mais, cette fois, en tant qu'elle
règle la conduite morale de
l'homme et qu' « elle intéresse
toute notre âme, notre vie et notre
mort » (Joubert). Malheureuse-
ment, entre notre cœur et le
bien, il y a les passions mauvaises
qui, par quelque apparence trompeuse du bien, entraînent dans le

désordre les âmes faibles et inconsidérées.

Que n'a-t-on pas dit des passions, de leur fougue, de leur folie et de toutes les extrémités où elles conduisent ceux qui s'y abandonnent? On ne les a pas calomniées : elles sont, de fait, nos pires ennemis, car elles nous rendent ce qu'elles sont elles-mêmes, impétueux, aveugles, désordonnés. L'éducation du cœur ne se fera qu'en les combattant, ou plutôt en les disciplinant, car elles sont des forces qui ne se laissent pas anéantir, mais qui sont susceptibles d'être dirigées. Le nautonier ne cherche pas à calmer les souffles qui passent sur les flots ; il se contente de donner à sa voile les dispositions voulues.

Le chrétien fait de même dans la direction de son cœur ; il ne

détruit pas, il dirige et il transforme. Il sait qu'il y a dans l'ava-
rice une force qui peut se tourner
en munificence ; qu'il y a dans la
sensualité une force qui peut
contribuer à produire une chasteté héroïque ; qu'il y a dans l'orgueil une force qui peut servir à
engendrer des prodiges d'humilité... De plus, il accomplit chaque
jour des actes positifs de vertu,
selon les indications des circonstances ; il est laborieux, patient,
dévoué ; il verse les gouttes de
baume sur les blessures de ceux
qui souffrent à côté de lui, et
nourrit dans son esprit « cette
pensée douce et aimable à l'égard
des autres, qui finit par s'empreindre dans sa physionomie et par lui
donner un charme qui attire tous
les cœurs » (Lacordaire).

La distinction de la volonté

Le cœur l'emporte sur l'esprit, mais ces deux facultés ont besoin, pour assurer leur développement, d'être soutenues par une troisième.

La volonté, éclairée sur la vérité par l'intelligence, mue vers le bien par le sentiment, est la pièce maîtresse de notre vie. Elle existe en tout homme, à l'état de germe, et grandit par l'exercice. Nous lui devons la liberté, qui est le plus beau des dons de Dieu, et conséquemment la maîtrise de nous-mêmes, sans laquelle il n'y a pas de grandeur morale.

L'homme de volonté poursuit inlassablement sa tâche, ou, s'il connaît parfois un instant d'oubli, il la reprend avec persévérance. Son énergie est le secret des victoires qu'il remporte, dans le domaine de la science ou dans celui du bien. Parce qu'il possède une volonté forte, son intelligence gagne toujours en pénétration, son cœur progresse dans la vertu. Il tranche ainsi sur la masse des hommes sans discipline et sans consistance : c'est un homme distingué.

IV

LA DISTINCTION PROFESSIONNELLE

La distinction professionnelle est
une grande enclave dans la distinction morale.

Le devoir d'état

D'une façon générale, l'homme
est digne d'estime dans la mesure
où il remplit son devoir d'état. La
profession, en effet, règle la tâche
de chaque journée, et, fragment
par fragment, la tâche de toute la
vie. Elle brille comme une lumière
devant l'intelligence et désigne
l'œuvre à accomplir ; elle sollicite
la volonté, la tient en éveil, l'ex-

horte à l'effort ; elle arrache notre cœur aux séductions qui naissent de l'oisiveté ; elle est pour chacun la route qui conduit directement à Dieu.

L'homme qui est l'esclave du devoir aura moins de peine à se rendre maître de ses passions, il sera plus facilement un caractère.

Chaque carrière confère, à ceux qui s'y font remarquer, un cachet particulier de grandeur, qui est la compétence, et qui peut, aussi bien, s'appeler la distinction. Il y a la distinction de l'officier, celle de l'ingénieur, celle de l'avocat, celle du médecin, celle du prêtre... Les fonctions les plus humbles elles-mêmes, lorsqu'elles sont habituellement bien remplies, communiquent à l'âme un lustre qui en relève le mérite. La distinction ne procède pas tant de l'œuvre que de l'ouvrier : il pourrait y avoir des manœuvres distingués.

Vous avez voulu une carrière. Il y a cinquante ans, cela eût été une distinction. La noblesse d'alors servait dans l'armée ou tentait d'entrer dans la diplomatie. En dehors de là, rien ne lui semblait digne de fixer ses goûts. Aujourd'hui, par nécessité ou par générosité, tous les jeunes gens veulent avoir une profession. C'est un grand progrès. Les compétitions sont multiples, et les meilleurs titres, valables pour le succès, proviennent de la valeur personnelle. Beau chemin ouvert à la distinction, qui peut ainsi se produire, d'abord à l'entrée de la carrière et ensuite tout le long de la route !

Vous êtes encore parmi les candidats. Mais l'élève est aussi un professionnel et, dans sa sphère, il doit aussi rechercher la compétence.

Une ambition légitime

La manière dont vous concevez le devoir présent fournit un indice de ce que vous serez plus tard sur un autre terrain. Vouloir briller vous est permis et recommandé.

Vous poursuivez un but, qui est le succès dans vos examens ; pour atteindre ce but, vous avez un programme à étudier ; pour étudier, vous avez une méthode à choisir. Portez en toutes ces choses une grande ardeur et une immense volonté d'arriver. La fin que vous vous proposez est bonne, les moyens que vous employez sont légitimes. Qui vous empêcherait d'avoir l'ambition de réussir ?

« Je veux paraître », disait Henri IV, au matin d'Ivry. Ayez ce même désir dans les luttes pacifiques que vous engagez, dans vos études et dans vos classes. Mais ne séparez jamais la recherche du bien de la recherche de la vérité. Aimez toujours à vous appliquer cette parole d'Ozanam : « Deux choses surtout nous font palpiter d'une envie généreuse, nous autres jeunes gens chrétiens : ces deux choses sont la science et la vertu. »

L'œuvre d'aujourd'hui

Ne soyez pas de ceux qui ambitionnent de grandes choses dans l'avenir et qui, présentement, vivent dans la médiocrité ou pis encore. Ils parlent de maintenir l'autorité dans la société, et au collège ils la battent continuellement en brèche par leurs conversations et leur conduite. Ils rêvent d'idéal, parlent de monter, de s'élever, et ne font que descendre et s'abaisser. Ils veulent prendre part au pouvoir, et maintenant ils méprisent le pouvoir sous toutes ses formes. Ils aspirent à diriger la nation, et ils ne savent pas se conduire eux-mêmes. L'avenir ne donnera que ce que le présent aura semé, et la distinction ne sortira pas de la trivialité.

Ayez de nobles émulations, maintenant que vous êtes en chemin, et gardez-les lorsque vous aurez atteint la carrière désirée. L'arriviste est condamnable, parce qu'il marche au succès par des moyens indignes et qu'il transforme les postes de dévouement en sources de profit. Il en va tout autrement pour celui qui doit sa situation à son mérite et qui cherche à exceller dans l'accomplissement du devoir professionnel.

Où que vous soyez plus tard, proposez-vous de posséder tous les secrets de votre métier et d'atteindre la perfection de votre état. C'est une faiblesse chez le chrétien, quand ce n'est pas une désertion et une lâcheté, de se laisser dépasser, par sa faute, dans les lettres, dans les sciences, dans les arts, dans l'économie politique... bref, dans les attributions de sa carrière.

Il ne s'agit pas, ici, de prétexter la simplicité des goûts, les joies tranquilles de l'effacement volontaire ou la satisfaction personnelle. Ne parlez pas non plus d'humilité. L'humilité proteste, quand on veut la faire intervenir en pareil cas; l'humilité se conçoit très bien dans la recherche ou dans la possession du premier rang.

Si vous êtes placé plus haut et si votre valeur s'impose davantage, vous pourrez être utile à un nombre plus considérable de vos frères, influer plus grandement sur les destinées de votre pays et faire rejaillir, jusque sur votre foi, le reflet de la gloire et de l'honneur que vous aurez acquis.

V

LA DISTINCTION CHRÉTIENNE

Mais voici que j'ambitionne encore quelque chose pour vous. Après avoir modelé sa vie sur un plan de vérité et de beauté, le poète exprimait ce vœu :

Epanouir vers Dieu mon âme en fleur.

L'Imitation du Christ

Ne vous arrêtez pas aux étapes parcourues jusqu'ici. Une tâche plus grande s'offre à vous. *Aemulamini charismata meliora.* Tournez-vous du côté de Dieu, et couronnez, par le zèle employé à sa recherche et à son amour, tous vos labeurs précédents. Ambitionnez la distinction suprême, en prenant à votre compte cette aspiration du P. Olivaint : « Je veux me distinguer au service de Jésus-Christ. »

Comment ? Quelles sont les conditions du parfait serviteur ? Saint Paul répond ainsi : « Soyez les imitateurs du Christ. Éprouvez en vous ce que le Christ Jésus a éprouvé. » C'est ici plus que le service ordinaire ; c'est le service dans l'imitation et dans l'amour. Se distinguer au service de Jésus-Christ, c'est se rapprocher de lui, s'unir à lui, être lui.

Sans doute vous n'êtes, à l'heure présente, qu'une ébauche divine, un commencement de fils et de serviteur de Dieu, *initium aliquod creaturæ*. Mais tout ce qui est commencement est susceptible d'accroissement et renferme des possibilités de perfectionnement, qu'il s'agisse d'un édifice, d'une plante, d'un homme, d'un chrétien. Tous les instants de la durée, toutes les circonstances des choses, apportent leurs secours aux êtres qui débutent et qui veulent vivre. A travers la vicissitude des jours et des événements, les âmes résolues cherchent la plénitude dont il est dit qu'elle est l'âge parfait, *donec occurramus in virum perfectum.*

La grâce et la volonté

Jésus lui-même offre les moyens de le rejoindre, de mettre sa vie dans celle de son disciple, de manière à ce que celui-ci puisse dire avec l'Apôtre : « Le Christ vit en moi; le Christ est ma vie. » Il donne son Évangile, sa Croix, son Eucharistie; son Évangile à méditer, sa Croix à contempler ; son Eucharistie à recevoir et à s'assimiler. L'homme a tout cela du côté du ciel, et il a, de plus, sa volonté. « La grâce de Dieu et moi », disait, avec confiance, saint Paul, celui qui a le mieux saisi et analysé les rapports de Dieu et de l'homme.

Voilà donc le but : Faire vivre le Christ en soi ; et voilà le moyen : La grâce de Dieu et soi.

Je demande à tout jeune chrétien de méditer attentivement ces paroles et de prier avec ferveur pour attirer les bénédictions de Dieu sur ses réflexions, jusqu'à ce qu'il ait vu, dans une lumière sans ombre, que tout autre but de la vie est vain et tout autre moyen chimérique ; jusqu'à ce qu'il ait pris l'inébranlable résolution d'orienter, dans ce sens, toutes ses pensées et tous ses efforts.

Heureux celui qui, dans l'état d'initiation perpétuelle qu'est l'existence présente, suit cette marche, sans s'arrêter, le long du chemin, aux appels trompeurs de tout ce qui n'est pas le but, les yeux et le cœur fermés aux machinations de l'erreur et aux pièges de la volupté!

Avoir son idéal

Pour préciser encore et permettre à chacun — ce que Dieu admet, ce que saint Paul proclame, — de revêtir le Christ à la mesure spéciale, marquée par son caractère propre et par la nature des dons reçus, je demande au jeune chrétien de déterminer, dans ce grand programme de toute vie chrétienne, les traits particuliers, assortis à son âme, à ses goûts, à ses aptitudes. Plus le vague et l'indé-

cision seront bannis des règles
proposées, plus le succès devien-
dra assuré. Souvenez-vous de Paul,
disant : « Je ne frappe pas l'air à
coups incertains. »

C'est l'œuvre de votre vie, avec
ses aspects particuliers, qu'il s'agit
de fixer, afin que ne manque pas, à
vos jeunes années, la vigueur d'allure que donnent le but connu et
le chemin tracé.

Un noble exemple

Ainsi fit Ozanam, à l'âge de seize
ans. Après s'être étudié devant
Dieu, il lui parut que sa tâche
était de défendre la foi catholique
par la plume, par la parole et par
l'exemple, d'après un plan très tôt
élaboré. De cela, il eut la claire
vision et l'énergique vouloir ; en
cela, il prit nettement position
devant ses jeunes amis. Toutes

ses lettres de l'époque en témoignent et reproduisent cet engagement de l'une d'elles : « Mon plan est tracé ; ma résolution est prise pour la vie. »

Il garda sa résolution dans ses études de droit, dans sa chaire de professeur, à Lyon et à Paris ; dans ses relations avec sa famille, ses élèves, ses amis et ses pauvres ; dans la santé, dans la maladie et dans la mort.

D'une pareille détermination, toute une moisson d'œuvres, d'institutions, de livres, naquit : elle fleurit et fructifie encore. Et voilà qu'en poursuivant le chemin, commencé à travers les taudis des pauvres, les salles de la Sorbonne, les études de l'antiquité et l'apostolat auprès des jeunes âmes, Ozanam marche aujourd'hui vers les autels.

Dire à autrui (non pas à tous,

mais à quelques-uns) sa pensée, quand elle est bien mûrie, quand il s'agit d'un aiguillage général de l'existence, c'est immédiatement donner à toutes les choses qui nous entourent, à tous les regards qui tombent sur nous, une force immense de rappel et de propulsion. Au lieu de m'être un sujet de crainte et une occasion de recul, par les défaillances intimes ou par les lâchetés du respect humain ; les hommes et les objets, quand j'ai dit ma volonté, ne peuvent plus que m'être un stimulant.

N'avez-vous pas encore une idée directrice de votre vie? N'avez-vous pas, à l'âge où la passion a tant d'empire, quelque noble passion? N'avez-vous pas choisi la cause dont vous serez, jusqu'à la mort, le soldat dévoué? Si non, que de jours, que de grâces, que de forces vous perdez!

Aux sources de la grandeur

Je vous parle, dans ces pages, de la distinction chrétienne.

Elle s'épanouira en vous du désir de vivre la vie du Christ et de la forme particulière dans laquelle vous aurez fait passer toute la force de votre désir.

Vous serez distingué, non seulement parce que vous rendrez votre note personnelle dans le concert des âmes qui louent Dieu, mais parce que votre idée directrice, essentiellement active, fera travailler à son service tous les éléments d'action qu'elle rencontrera.

Quiconque parle de distinction établit une comparaison.

Vous savez bien qu'il faut être humble quand on se compare.

Quelque désireux que vous soyez de progresser dans le service divin, vous ne direz jamais, ni que vous aimez mieux Dieu, ni que vous lui êtes plus agréable que les autres. Mais vous l'aimerez tellement et vous le servirez si bien, que vous pourrez lui dire : « Seigneur, je ne vous abandonnerai pas, en quelque occurrence et à quelque moment que ce soit... quand même tous les autres vous abandonneraient. »

Lorsqu'une âme cherche Dieu avec cet élan, elle le trouve toujours dans sa vérité, sa bonté, sa beauté, et le fait resplendir en elle. La suprême distinction est celle qui tombe des cieux et qui est l'apanage de la sainteté. Elle est d'abord au dedans, pénétrant l'intelligence et la volonté, faisant, par là, de l'homme un soldat d'élite dans l'armée du bien, une âme qui sort de la troupe vulgaire. Elle est au dehors, comme un signe du mystère intime et du désir du cœur C'est le reflet de la beauté divine, tombant dans une âme humaine et, de l'âme jaillissant sur la physionomie et auréolant tout l'être. « Seigneur, s'écrie le psalmiste, la lumière de votre face a mis son empreinte de clarté sur nous. »

Lacordaire a été témoin de ce spectacle et l'a décrit ainsi : « O visages des Saints, douces et fortes lèvres accoutumées à nommer Dieu et à baiser la croix de son Fils ; regards bien-aimés qui discernez un frère dans la plus pauvre des créatures ; cheveux blanchis par la méditation de l'éternité ; couleurs sacrées de l'âme qui resplendissez dans la vieillesse et dans la mort : heureux qui vous a vus! plus heureux qui a compris, et qui a reçu de votre glèbe transfigurée des leçons de sagesse et d'immortalité. »

Mais loin de se complaire dans la pensée de ce nimbe de splendeur, le chrétien, adonné au service de Dieu, s'estime indigne de toute gloire et se met plus bas que ses frères; il persévère dans l'effort, s'accuse de manquer de générosité, se frappe la poitrine, au souvenir de ses infidélités, et s'encourage lui-même à plus de vaillance.

Loin de se contrarier, les différents aspects, que nous avons envisagés dans la distinction, s'appellent mutuellement, comme les différentes parties d'un même édifice.

Parce que Xavier de Ravignan,

officier de cavalerie ou substitut du procureur du roi, avait pour devise : *Être distingué*, il n'en était pas moins un excellent chrétien et n'en devint pas moins un saint religieux. Il transportait sa distinction dans les diverses situations où l'appelait la Providence, dans tous les actes que lui imposait le devoir.

Il faudrait que le jeune chrétien, pour l'honneur du Christ et de l'Eglise, pour exercer plus d'influence bienfaisante, réunît autour de la distinction au service de Dieu, toutes les autres formes de distinction.

C'était l'avis de sainte Thérèse qui souhaitait voir toutes les pierres précieuses incrustées dans l'or des calices.

TABLE DES MATIÈRES

CHAPITRE PREMIER

Les bonnes manières

CHAPITRE II

La Politesse

CHAPITRE III

Le Respect

CHAPITRE IV

La Tenue

CHAPITRE V

L'amabilité

CHAPITRE VI

La Distinction

Ligugé (Vienne). — Impr. E. Aubin.